초판 1쇄 발행 2025년 8월 12일

지은이 데니(성동일)
펴낸곳 (주)에스제이더블유인터내셔널
펴낸이 양홍걸 이시원

홈페이지 www.siwonschool.com
주소 서울시 영등포구 영신로 166 시원스쿨
교재 구입 문의 02)2014-8151
고객센터 02)6409-0878

ISBN 979-11-6150-547-3 13740
Number 1-010808-18181829-08

이 책은 저작권법에 따라 보호받는 저작물이므로 무단복제와 무단전재를 금합니다. 이 책 내용의 전부 또는 일부를 이용하려면 반드시 저작권자와 ㈜에스제이더블유인터내셔널의 서면 동의를 받아야 합니다.

데니(성동일) 지음

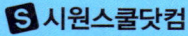
시원스쿨닷컴

머리말

안녕하세요. 성동일입니다.
지난 23년간 수많은 학생과 성인분에게 영어를 가르치면서, 제가 느낀 부분들을 이번 책에 담아드렸습니다.

우리는 왜 영어로 말하지 못할까요?
배우는 사람들, 그리고 가르치는 사람들 모두가 가지고 있는 의문점일 겁니다.
초등학교부터 길게는 대학교까지 10년이 넘는 기간 동안 우리는 학교에서 영어를 배우지만, 정작 영어로 말을 할 수 없는 경우가 많습니다.
왜일까요?

우리는 말하는 연습을 한 건 아니니까요.
문법으로 문제에 답을 찾는 연습은 많이 했지만, 우리가 배운 영어를 말로 뱉어내는 연습을 하지 않았다는 것이 제 생각입니다.
"be동사만 배워서 우리는 영어를 못해!
나는 아직 영어로 말하기엔 영어 실력이 부족해!"
지금까지 우리는 이렇게 생각했는지도 모릅니다.

하지만 여러분, 이제 사고를 조금만 전환해볼까요?
"be동사만 배워서 말을 못 해"가 아닌,
"be동사를 배웠으니까 be동사로 만들 수 있는 문장들은 다 말할 수 있어!"
그러고 나서, 내가 만든 문장을 상대방이 알아들을 수 있을 정도로 스피킹 연습을 하신다면, 문법을 조금만 알아도 영어로 말할 수 있습니다!

문법이 생각이 안 난다고요? 단어가 생각이 안 난다고요?
여러분, 그렇다고 해서 틀린 게 아닙니다!
우리가 한국어로 말할 때도, 말이 막히면 다른 표현으로 바꿔 말할 수 있잖아요.
영어도 마찬가지예요. 절대 틀린 게 아니라는 사실!

이 책에서는 여러분께 스피킹에 꼭 필요한 **필수 문법 17개**와,
이를 바탕으로 선별한 **실전 패턴 30가지**를 다루고 있습니다.
**단순히 문법 공부가 아닌, 어떤 말을 하고 싶을 때 그 문법을 어떻게 써야 하는지,
그리고 상대가 알아들을 수 있도록 어떻게 말해야 하는지에 집중했습니다.**
이 책과 강의를 통하여 여러분의 스피킹 능력, 그리고 듣기 능력 또한 한 단계
업그레이드되실 수 있다는 말을 자신 있게 드립니다.
스피킹 팁 10 + 스피킹 필수 문법 17 + 패턴 30 = 스피킹 능력 업그레이드!

23년입니다!
영어를 가르친 이 시간 동안, 여러분들에게 필요한 핵심만을 녹여냈습니다.
이제 저, 데니쌤과 함께 여러분들의 영어를 새롭게 만들어 보시길 바랍니다.

데니

Speaking Tip 10가지

우리가 영어로 말할 때, 문법적으로 완벽한 문장을 말했는데도 상대방이 못 알아듣는 경우가 많습니다. 그러면 우리의 자신감은 더욱 떨어지게 되죠.
이런 문제를 해결하기 위해, 여러분께 Speaking Tip 10가지를 알려드립니다!

❶ be동사와 a는 중요한 역할이 아니면, 보통 붙여서 말해요.

영어에는 기능어(Function Words)라는 단어들이 있어요. "be동사, a, the" 같은 단어들은 의미보다는 문법적인 역할이 크기 때문에, 혼자 또렷하게 발음되지 않고 앞이나 뒤 단어에 붙여서 발음됩니다. 그래서 "I'm a teacher"도 [아이머 티처]처럼 들리는 거예요. 이게 영어가 한국어보다 훨씬 리듬감 있게 들리는 이유 중 하나랍니다!

❷ 부정문 not에는 힘을 줘서 말해요.

"not" 같은 부정어는 문장에서 의미를 뒤집는 핵심이에요. 대충 흘리면 상대가 긍정인지 부정인지 구분 못 할 수 있어요. 그래서 not은 강세를 주어 또렷하게 발음해야 합니다.

❸ 전치사는 앞이나 뒤 단어와 붙여 말해요.

전치사(at, in, on, with, to)도 기능어라서 발음이 약해지고 앞이나 뒤 단어와 연결돼 들리는 경우가 많아요. 자연스럽게 붙여서 말하는 게 영어의 리듬을 만드는 핵심이에요.

❹ T, D는 연음되면 [ㄹ]처럼 말해요.

T나 D가 모음 사이에 위치하면 우리 귀에는 [ㄹ]처럼 부드럽게 들릴 수 있어요. water는 "워럴", duty는 "듀리"처럼 들려요.

❺ T, P, K가 중간에 오면 된소리[ㄸ, ㅃ, ㄲ]처럼 말해요.

영어 단어에서 T, P, K가 모음 사이거나 단어 중간에 올 때, 이 소리들은 한국어의 된소리(ㄸ, ㅃ, ㄲ)처럼 강하고 또렷하게 들릴 수 있어요. ticket은 "티껫"처럼 소리를 조금 더 세고 또렷하게 내야 원어민 발음에 가까워집니다.

❻ 숫자는 강조해서 또박또박 말해요.

숫자는 듣는 사람이 놓치면 안 되는 정보의 핵심이기 때문에 더욱 또렷한 발음으로 말해줘야 해요.

❼ 중요한 단어에 힘을 줘서 말해요.

영어 문장에서 의미를 담고 있는 단어를 내용어(Content Word)라고 해요. 이 단어에 강세를 주면, 영어의 리듬이 살아나고, 상대방도 내용을 더 잘 이해할 수 있습니다.

❽ 문장이 길면 의미 단위로 끊어 말해요.

영어는 의미 단위로 나눠서 말해요. 이렇게 나눠 주면 리듬이 자연스러워지고, 상대방도 더 쉽게 이해할 수 있어요.

❾ 현재완료의 have/has는 주어와 붙여 말해요.

현재완료에서 have/has는 축약되면서 주어와 붙여서 발음하는 게 자연스러워요.

❿ 주어, 동사, 시제로 심플하지만 정확한 문장을 말해요.

영어 말하기의 핵심 구조는 주어 + 동사 + 시제예요. 문장이 짧아도 이 구조만 정확히 전달하면, 상대방은 충분히 이해할 수 있습니다.

여러분이 이 책을 통해 소리 튜닝 연습을 할 때, 오늘 배운 스피킹 팁 10가지를 반드시 적용해 보세요. 이 팁들이 입에 완전히 장착되어야 말하기 실력이 눈에 띄게 달라지실 것입니다.

Speaking Tip 10가지 장착하기

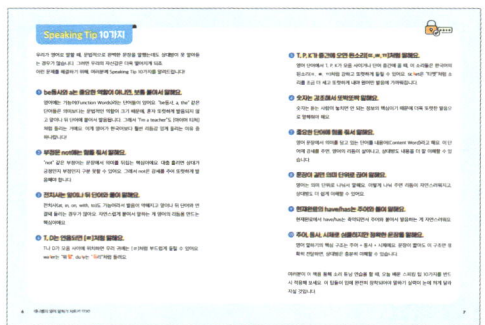

이 책 전반에 적용되는 **스피킹 팁 10가지**는 발음, 억양, 리듬, 강세까지 훈련할 수 있도록 도와주는 **말하기 핵심 전략**입니다. 연습할 때마다 하나씩 적용하다 보면, 내 영어 발음이 달라지는 걸 바로 느끼실 수 있습니다.

Part 1 데니쌤의 영어 문법 치트키 17

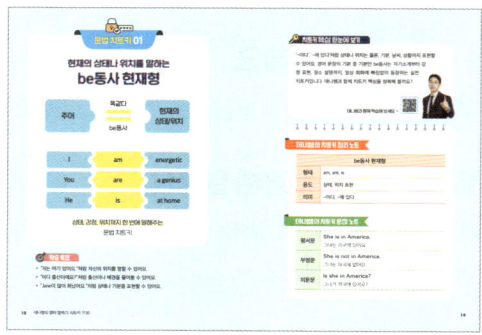

문법의 핵심만 담은 이번 치트키, **한눈에 정리**해 드립니다. 무엇보다 **QR코드**를 통해 강의를 먼저 시청할 수 있어, 책 내용을 훨씬 더 쉽게 이해하고 말하기 연습으로 자연스럽게 이어질 수 있습니다.

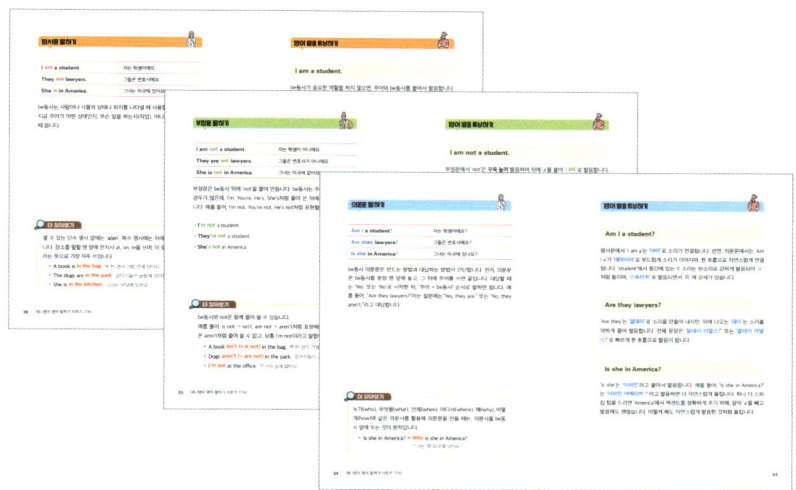

각 치트키에 해당하는 평서문, 부정문, 의문문을 예문과 함께 쉽게 정리했습니다. 특히 **<영어 발음 튜닝하기>** 코너에서는 강세, 연음, 리듬, 억양까지 자연스럽게 말하는 연습을 할 수 있도록 구성했습니다.

<영어 발음 튜닝하기>에서 익힌 내용을 바탕으로, **<원어민 발음되기>**에 도전합니다. 스피킹 팁 10가지를 적용해 20개의 문장을 반복 연습해 보세요. 데니쌤 음원을 따라 말하다 보면 자연스럽게 원어민스러운 발음이 입에 붙습니다.

Part 2 데니쌤의 영어 패턴 치트키 30

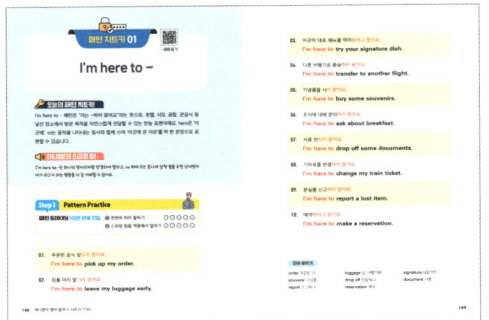

문법 치트키 17개를 바탕으로 실전 **패턴 30가지**를 말하기 중심으로 훈련할 수 있도록 구성했습니다. **<Step 1 Pattern Practice>**에서는 예문 10개를 소리 내어 반복하며 연습하고, 스피킹 팁을 통해 억양과 강세까지 자연스럽게 익히실 수 있습니다.

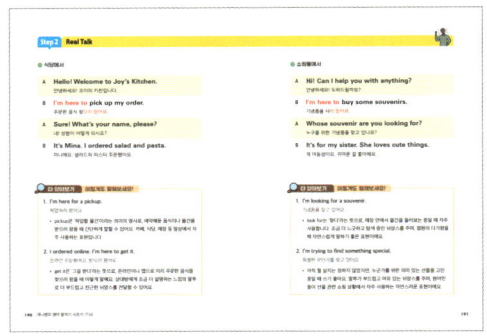

<Step 2 Real Talk> 대화문을 통해 방금 배운 패턴을 실제 상황 속에서 자연스럽게 말해볼 수 있습니다. **<이렇게도 말해보세요>** 코너에서는 같은 상황에서 활용할 수 있는 다양한 **표현 4가지**를 함께 익히며 표현력을 확장할 수 있습니다.

별책부록

<회화로 말문트기>는 문법 치트키가 쓰인 일상 대화를 통해 말의 흐름과 자주 쓰는 표현을 익히도록 구성했습니다. 대화 흐름을 따라가며 발음 튜닝 팁을 떠올리고, 직접 소리내어 연습해 보세요.

<회화 마스터하기>는 문법 치트키와 표현을 완전히 내 것으로 만드는 파트입니다. QR코드 음성을 들으며 빈칸에 직접 말해보는 연습을 통해 실전 대화 감각을 기를 수 있습니다.

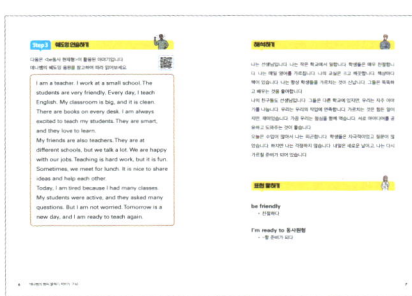

<쉐도잉 연습하기>는 데니쌤과 함께 문법 치트키와 표현을 스토리로 연결해 따라 말하는 훈련 파트입니다. QR코드 속 쉐도잉 음원을 들으며 호흡·발음·강세까지 직접 따라 연습해 보세요.

목차

머리말 · 4
Speaking Tip 10가지 · 6
이 책의 구성 · 8

Part 1 데니쌤의 영어 문법 치트키 17

문법 치트키 01	현재의 상태나 위치를 말하는 be동사 현재형	18
문법 치트키 02	반복되는 행동, 습관을 말하는 일반동사 현재형	28
문법 치트키 03	존재의 포커스 There is / are	38
문법 치트키 04	할 수 있다/없다 조동사 can	48
문법 치트키 05	'누구의 것인지'를 말하는 의문사 whose	58
문법 치트키 06	원하는 것을 말하는 would like	68
문법 치트키 07	지금 하고 있는 행동을 말하는 현재진행형	76
문법 치트키 08	얼마나 자주인지 횟수를 말하는 빈도부사	86
문법 치트키 09	과거의 상태를 말하는 be동사 과거형	96
문법 치트키 10	과거의 움직임을 말하는 일반동사 과거형	106
문법 치트키 11	수와 양을 나타내는 수량형용사	116
문법 치트키 12	미래를 말하는 조동사 will	126

문법 치트키 13	'그때'를 연결하는 접속사 when	136
문법 치트키 14	의무 표현을 말하는 조동사 have to	146
문법 치트키 15	지금까지를 말하는 현재완료	156
문법 치트키 16	동사 하나면 되는 to부정사	166
문법 치트키 17	형용사로 표현하는 비교급과 최상급	176

Part 2 데니쌤의 영어 패턴 치트키 30

패턴 치트키 01	**I'm here to -** ~하러 왔어	188
패턴 치트키 02	**I'm in the middle of -** ~하는 중이야	192
패턴 치트키 03	**I'm not used to -** ~하는 것에 익숙하지 않아	196
패턴 치트키 04	**There's something wrong with -** ~에 문제가 있어	200
패턴 치트키 05	**Is there -?** ~가 있어요?	204
패턴 치트키 06	**Can I get -?** ~받을 수 있을까?	208

패턴 치트키 07	**Where can I -?** 어디에서 ~할 수 있어?	212
패턴 치트키 08	**Can you -?** ~해 줄 수 있어?	216
패턴 치트키 09	**I'd like to -** ~하고 싶어요	220
패턴 치트키 10	**Do you mind if I -?** ~해도 괜찮을까요?	224
패턴 치트키 11	**Do you have -?** ~있어요?	228
패턴 치트키 12	**Let me -** 제가 ~할게요	232
패턴 치트키 13	**I think -** -라고 생각해	236
패턴 치트키 14	**I'm looking for -** ~을 찾고 있어	240
패턴 치트키 15	**I was wondering if -** ~해주실 수 있을까요?	244
패턴 치트키 16	**I didn't mean to -** 일부러 그런 건 아니었어	248
패턴 치트키 17	**How many - are there?** ~이 몇 개 있어?	252
패턴 치트키 18	**I'll take -** ~로 할게요	256

패턴 치트키 19	**When does - start?** ~은 언제 시작해?	260
패턴 치트키 20	**When can I -?** 언제 제가 ~할 수 있나요?	264
패턴 치트키 21	**I have to -** ~해야 해	268
패턴 치트키 22	**You don't have to -** 너는 ~할 필요 없어	272
패턴 치트키 23	**Have you ever -?** ~해본 적 있어?	276
패턴 치트키 24	**This is the best - I've ever -** 이건 지금까지 ~해본 것 중 최고야	280
패턴 치트키 25	**I need to -** ~할 필요가 있어 / ~해야 해	284
패턴 치트키 26	**I don't know how to -** ~를 어떻게 해야 할지 모르겠어	288
패턴 치트키 27	**Is it possible to -?** ~하는 것이 가능할까요?	292
패턴 치트키 28	**How long does it take to -?** ~하는 데 얼마나 걸릴까?	296
패턴 치트키 29	**It would be better to -** ~하는 게 좋을 것 같아	300
패턴 치트키 30	**The best way to - is to -** ~하는 가장 좋은 방법은 ~하는 거야	304

Part 1

데니쌤의 영어 문법 치트키 17

현재의 상태나 위치를 말하는
be동사 현재형

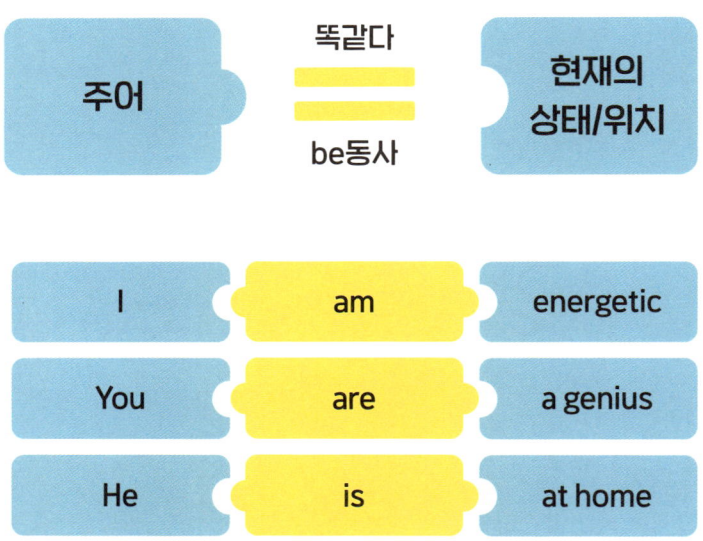

상태, 감정, 위치까지 한 번에 말해주는
문법 치트키

🎯 학습 목표

- "저는 여기 있어요."처럼 자신의 위치를 말할 수 있어요.
- "어디 출신이에요?"처럼 출신이나 배경을 물어볼 수 있어요.
- "Jane이 많이 화났어요."처럼 상태나 기분을 표현할 수 있어요.

치트키 핵심 한눈에 보기

'~이다', '~에 있다'처럼 상태나 위치는 물론, 기분, 날씨, 상황까지 표현할 수 있어요. 영어 문장의 기본 중 기본인 be동사는 자기소개부터 감정 표현, 장소 설명까지, 일상 회화에 빠짐없이 등장하는 실전 치트키입니다. 데니쌤과 함께 치트키 핵심을 정복해 볼까요?

데니쌤과 함께 학습해 보세요 ▶

데니쌤의 치트키 정리 노트

be동사 현재형	
형태	am, are, is
용도	상태, 위치 표현
의미	~이다, ~에 있다

데니쌤의 치트키 문장 노트

평서문	She is in America. 그녀는 미국에 있어요.
부정문	She is not in America. 그녀는 미국에 없어요.
의문문	Is she in America? 그녀가 미국에 있어요?

평서문 말하기

I am a student.	저는 학생이에요.
They are lawyers.	그들은 변호사예요.
She is in America.	그녀는 미국에 있어요.

be동사는 사람이나 사물의 상태나 위치를 나타낼 때 사용합니다. 예를 들어, 지금 주어가 어떤 상태인지, 무슨 일을 하는지(직업), 어디에 있는지를 말할 때 씁니다.

 더 알아보기

셀 수 있는 단수 명사 앞에는 'a/an', 복수 명사에는 뒤에 '-(e)s'를 붙입니다. 장소를 말할 땐 앞에 전치사 at, on, in을 쓰며, 이 중 'in'은 '~ 안에' 라는 뜻으로 가장 자주 쓰입니다.

- A book is in the bag. 책 한 권이 가방 안에 있어요.
- The dogs are in the park. 강아지들이 공원에 있어요.
- She is in the kitchen. 그녀는 부엌에 있어요.

영어 발음 튜닝하기

I am a student.

be동사가 중요한 역할을 하지 않으면, 주어와 be동사를 붙여서 발음합니다. 'I am'은 '아이 엠'이 아니라 **'아임'** 또는 **'암'**이라고 발음됩니다. 여기에 'a'도 붙여서 발음하면, 'I am a'는 **'아머'**로 발음됩니다. 전체 문장에 적용해 보면, **'아머 스뜌던트'**로 발음하는 것이 자연스럽습니다. 한가지 더 팁을 드리면, 't, p, k'가 단어 중간에 온다면, 발음은 'ㅌ, ㅍ, ㅋ'가 아니라 **'ㄸ, ㅃ, ㄲ'**로 발음됩니다.

They are lawyers.

'They' 와 'are'를 따로 발음하지 않고 자연스럽게 연결하여, **'데얼'**로 발음합니다. 이때, 'They'의 끝소리인 'y'와 'are'의 시작 소리인 'a'가 연결되어 하나의 단어처럼 들리는 것이 포인트입니다.

She is in America.

'she, is, in'을 붙여서, **'쉬즈인'**이라고 말합니다. 'America'에서는 리듬감과 강세가 중요합니다. 'America'는 '어메리카'로 발음하는 것이 아니라 **'어메리까-'**로 들리게 되는데, 이때, '어' 발음은 거의 들릴 듯 말 듯 발음하면서 **'메'**를 강하게 강세를 주면서 리듬감을 만들어 발음을 하면 원어민스러운 발음이 됩니다.

부정문 말하기

I am **not** a student.	저는 학생이 아니에요.
They are **not** lawyers.	그들은 변호사가 아니에요.
She is **not** in America.	그녀는 미국에 없어요.

부정문은 be동사 뒤에 'not'을 붙여 만듭니다. be동사는 주어와 줄여서 쓰는 경우가 많은데, I'm, You're, He's, She's처럼 줄여 쓴 뒤에 바로 not을 붙입니다. 예를 들어, I'm not, You're not, He's not처럼 표현할 수 있어요.

- **I'm not** a student.
- **They're not** a student.
- **She's not** in America.

더 알아보기

be동사와 not은 함께 줄여 쓸 수 있습니다.
예를 들어, is not → isn't, are not → aren't처럼 표현해요. 단, am not은 amn't처럼 줄여 쓸 수 없고, 보통 I'm not이라고 말합니다.

- A book **isn't (= is not)** in the bag. 책 한 권이 가방에 없어요.
- Dogs **aren't (= are not)** in the park. 강아지들이 공원에 없어요.
- **I'm not** at the office. 저 사무실에 없어요.

영어 발음 튜닝하기

I am not a student.

부정문에서 'not'은 **꾸욱 눌러** 발음하며 뒤에 'a'를 붙여 **'나러'**로 발음합니다. 스피킹 팁을 적용하여 전체 문장을 발음하면 **'암 나러 스뜌던트'**로 부드럽게 발음됩니다.

They are not lawyers.

'lawyer'에 'l'은 한국어에 'ㄹ'과 다릅니다. 'l' 발음을 할 때는 혀 끝을 윗잇몸에 살짝 대고, 혀 옆으로 공기를 내보내면서 가볍게 소리를 냅니다. 이렇게 하면 **'라'** 또는 **'러'**처럼 소리가 나게 됩니다. 'lawyers'의 경우 앞부분인 'law'는 **'라'** 또는 **'러'**로 발음되고, 뒤에 이어지는 'yers'는 **'열스'**처럼 소리가 나면서 연결됩니다. 문장 안에서 빠르게 발음이 될 때는 **'라열스'** 또는 **'러열스'**로 발음이 됩니다.

She is not in America.

'she is in'은 **'쉬즈인'** 이라고 말하는데, 여기에 **'낫'**을 넣어 **'쉬즈 낫 인'**으로 발음됩니다. 하지만 문장 안에서 빠르게 발음 되면, **'쉬즈 나린 어메리까-'**로 소리가 나오게 됩니다. 이때, '어' 소리를 작게 내야 하는데, 만약 그것이 어렵다면 과감하게 한 번 발음하지 않고 **'메리까-'**로 길게 소리를 연결하면 원어민스러운 영어 발음을 하실 수 있습니다.

의문문 말하기

Am I a student?	저는 학생이에요?
Are they lawyers?	그들은 변호사예요?
Is she in America?	그녀는 미국에 있나요?

be동사 의문문은 만드는 방법과 대답하는 방법이 간단합니다. 먼저, 의문문은 be동사를 문장 맨 앞에 놓고, 그 뒤에 주어를 쓰면 끝입니다. 대답할 때는 'Yes' 또는 'No'로 시작한 뒤, '주어 + be동사' 순서로 말하면 됩니다. 예를 들어, "Are they lawyers?"라는 질문에는 "Yes, they are." 또는 "No, they aren't."라고 대답합니다.

더 알아보기

누가(who), 무엇을(what), 언제(when), 어디서(where), 왜(why), 어떻게(how)와 같은 의문사를 활용해 의문문을 만들 때는, 의문사를 be동사 앞에 두는 것이 원칙입니다.

- Is she in America? → **Why** is she in America?
  그녀는 왜 미국에 있어요?

영어 발음 튜닝하기

Am I a student?

평서문에서 'I am a'는 **'아머'**로 소리가 연결됩니다. 반면, 의문문에서는 'Am I a'가 **'에마이어'**로 부드럽게 소리가 이어지며, 한 호흡으로 자연스럽게 연결됩니다. 'student'에서 중간에 있는 't' 소리는 된소리로 강하게 발음되어 **'ㄸ'**처럼 들리며, **'스뜌던트'**로 발음되면서 **'뜌'**에 강세가 있습니다.

Are they lawyers?

'Are they'는 **'알데이'**로 소리를 만들어 내지만, 뒤에 나오는 **'데이'**는 소리를 약하게 줄여 발음합니다. 전체 문장은 **'알데이 러열스?'** 또는 **'알데이 라열스?'**로 빠르게 한 호흡으로 발음이 됩니다.

Is she in America?

'Is she'는 **'이쉬인'**이라고 붙여서 발음합니다. 예를 들어, 'Is she in America?'는 **'이쉬인 어메리까-?'**라고 발음하면 더 자연스럽게 들립니다. 하나 더 스피킹 팁을 드리면 'America'에서 액센트를 정확하게 주기 위해, 앞의 'a'를 빼고 발음해도 괜찮습니다. 이렇게 해도 자연스럽게 발음한 것처럼 들립니다.

원어민 발음되기

스피킹 트레이닝 5번 반복 연습 ○○○○○

영어 발음 튜닝법을 생각하며 다음의 표시에 따라 연습해 보세요.
( )는 묶어서 한 번에, 굵은 글씨는 문장 강세를 살려주는 부분입니다.

▲음원듣기

01. (I am) **a student**.

02. (They are) **lawyers**.

03. (She is in) **America**.

04. (I am **not** a) **student**.

05. (They are) **not lawyers**.

06. (She is **not** in) **America**.

07. (Am I a) **student**?

08. Are they **lawyers**?

09. (Is she in) **America**?

10. (Why is she in) **America**?

11. (I'm full of) **energy** every day.

12. (I'm **here**).

13. (Jane is) **very angry**.

14. (**Why** is he) **late** every **day**?

15. (He is on) **vacation** today, but she's **not**.

16. (**Why** are you) **happy**?

17. (**How old** are) you?

18. (**Where** are) you from?

19. (**How tall** are) you?

20. It's **not cold** today. / (**Today** is) **not cold**.

반복되는 행동, 습관을 말하는
일반동사 현재형

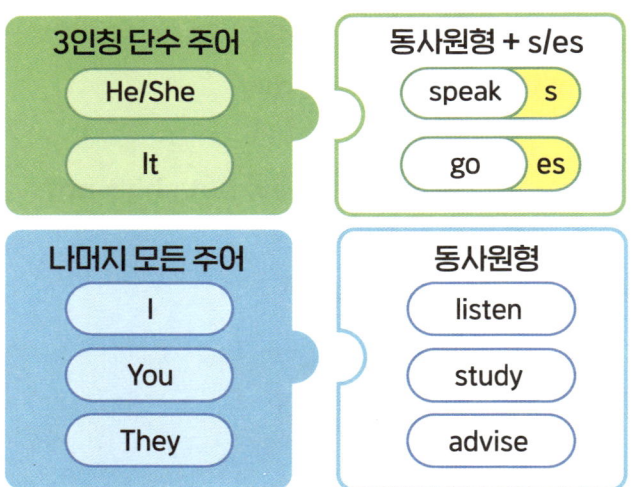

일상 속 움직임을 말해주는 문법 치트키

🎯 학습 목표

- "저는 매일 달리기를 해요."처럼 일상적인 행동·습관을 말할 수 있어요.
- "매일 아침 독서도 하고 산책도 해요. 하지만 일요일은 아니에요."처럼 여러 가지 일상 루틴을 설명할 수 있어요.
- "왜 매일 아침을 걸어요?"처럼 반복적인 행동을 물어볼 수 있어요.

 **치트키 핵심 한눈에 보기**

'일어나고, 일하고, 쉬고, 좋아하고, 싫어하고'처럼 반복되는 행동이나 습관은 물론, 취향, 직업, 성격, 일상 루틴까지 표현할 수 있어요. 일반동사 현재형은 지금의 나를 말할 때 가장 자주 쓰이는 동작 표현이자, 회화에서 빠질 수 없는 실전 치트키입니다. 데니쌤과 함께 치트키 핵심을 정복해 볼까요?

데니쌤과 함께 학습해 보세요 ▶

데니쌤의 치트키 정리 노트

일반동사 현재형	
형태	동사원형
용도	움직임 표현
의미	~하다

데니쌤의 치트키 문장 노트

평서문	I run every day. 저는 매일 달려요.
부정문	I don't run every day. 저는 매일 달리지 않아요.
의문문	Do you run every day? 매일 달리세요?

평서문 말하기

I **run** every day.	저는 매일 달려요.
She **runs** every day.	그녀는 매일 달려요.
They **run** every day.	그들은 매일 달려요.

상태나 위치를 표현할 때는 be동사를 사용하지만, 움직임을 표현할 때는 일반동사를 사용합니다. 예를 들어, run(달리다), study(공부하다), eat(먹다) 같은 동사들이 여기에 해당됩니다.

일반동사는 주어의 인칭과 수에 따라 형태가 달라집니다. I, You, We, They처럼 1인칭, 2인칭, 복수 주어일 때는 동사가 그대로 쓰이지만, He, She, It처럼 3인칭 단수 주어일 경우에는 동사에 '-s'나 '-es'를 붙여 써야 합니다.

더 알아보기

	do 동사	does 동사
평서문	I / You / We / They + **동사원형**	He / She / It + **동사원형(e)s**
부정문	I / You / We / They + **don't** + **동사원형**	He / She / It + **doesn't** + **동사원형**
의문문	**Do** + I / you / we / they + **동사원형**~?	**Does** + he / she / it + **동사원형**~?

영어 발음 튜닝하기

I run every day.

'I'는 길게 발음하지 않고 짧게 발음하며, 문장의 강세는 동사 'run'에 둡니다. 'run'에서 'r' 소리는 혀를 뒤로 말고, 입술을 동그랗게 만들어 발음합니다. 'run'의 발음은 **'뤄언'**처럼 들리며, **'아이 뤄언'**으로 주어와 부드럽게 연결됩니다. 이러한 발음 방법을 따르면 문장이 더 자연스럽고 원어민처럼 들리게 됩니다.

She runs every day.

3인칭 단수 주어가 사용될 때, 일반동사는 '-(e)s'가 붙어 형태가 변합니다. 동사에 따라 '-(e)s'의 발음도 달라지는데, 'run'의 경우 '-s'가 붙지만 'ㅅ' 소리가 아닌 **'ㅈ'** 소리로 발음됩니다. 너무 세게 **'ㅈ'** 발음하지 않습니다.

They run every day.

이번에는 'every day'에 대한 팁을 드려볼까 합니다. 'every'는 길게 '에브-리' 하는 것이 아니라 **'에ㅂ'**가 붙어서 짧게 발음되면서 'ㅂ' 소리가 크게 들리지 않아야 합니다. 'every'를 전체 발음하면 **'에ㅂ뤼'**처럼 소리가 들리게 됩니다. '-ry'를 발음할 때, 입모양은 '우' 입모양으로 **'뤼'** 소리를 만드시면 됩니다. 전체 문장을 빠르지만 부드럽게 해보면, **'데(이) 뤄언 에ㅂ뤼 데이'**처럼 들리게 됩니다.

부정문 말하기

I **do not[= don't] run every day.**	저는 매일 달리지 않아요.
She does not[= doesn't] run every day.	그녀는 매일 달리지 않아요.
They do not[= don't] run every day.	그들은 매일 달리지 않아요.

일반동사 부정문을 만들 때는 'do not' 또는 'does not'을 사용하여 '~하지 않다'라는 의미를 표현합니다. 중요한 점은, 'do not/does not' 뒤에는 반드시 동사원형 형태를 사용해야 한다는 것입니다.

더 알아보기

'does'는 이미 3인칭 단수의 의미를 포함하고 있기 때문에, 뒤에 오는 동사에는 '-s'나 '-es'를 붙이지 않고 동사원형을 사용합니다.

- **She does not like** pizza. (O) / She does not likes pizza. (X)
  그녀는 피자를 좋아하지 않습니다.

영어 발음 튜닝하기

I do not[= don't] run every day.

'I do not(= don't)'는 각각 '아이 돈트'로 발음이 되지만, 빠르게 하면 **'아돈'**으로 발음하면서 don't에 강세를 두며 발음합니다. 여기서 'd'와 'n' 사이에 'o' 소리가 짧게 발음이 되고, '트' 소리는 들릴 듯 말 듯 가볍게 내는 것이 하나의 팁입니다. 여기에서 'run'을 연결해서 발음하면 **'아돈 뤄언'**으로 연결하면서 강세를 주는 것이 또 하나의 팁입니다.

She does not[= doesn't] run every day.

'doesn't'는 원래 **'더즈 낫'**이지만, 빠르게 발음하면 **'더즌트'** 혹은 **'더즌'**처럼 발음됩니다. '즌' 부분을 발음할 때는 영어의 'z' 소리를 살려 성대를 울리며 발음하는 것이 자연스럽습니다. 또한, '트' 소리는 약하게 발음하는 것이 좋습니다. **'doesn't'**에 강세를 주고, **'쉬 더즌 뤄언'**으로 연결하여 자연스럽게 발음할 수 있습니다.

They do not[= don't] run every day.

전체 문장은 **'데(이) 돈 뤄언 에브뤼 데이'**로 한 호흡에 자연스럽게 연결하는 것이 좋습니다. 'don't'를 천천히 발음하면 '도운ㅌ'로 발음되지만 문장 속에서 'ㅌ' 소리는 소리를 내지 않고 **'돈'**으로 발음되어 **'데(이) 돈 뤄언 에브뤼 데이'**로 발음하는 것이 더 자연스럽습니다. 조금 더 빠르게 연결하여 발음하면 'don't'가 **'돈'** 또는 **'던'**처럼 들리기도 합니다.

의문문 말하기

Do you **run** every day**?**	매일 달리세요?
Does she **run** every day**?**	그녀는 매일 달리나요?
Do they **run** every day**?**	그들은 매일 달리나요?

'Do/Does + 주어 + 동사원형?'은 일반동사 의문문을 만들 때 사용하는 기본 구조로, 현재 시제에서 행동이나 상태에 대해 질문할 때 사용됩니다. 'Do/Does'는 동사를 도와 의문문을 만들며, 'Does'를 사용할 때는 동사에 '-s'나 '-es'를 붙이지 않고 원형을 사용합니다. Do는 I, you, we, they와 함께, 'Does'는 he, she, it과 함께 사용하여 일반동사 의문문을 형성합니다.

더 알아보기

Do/Does는 What, Where, When 같은 의문사와 함께 사용하여 더 구체적인 질문을 할 수 있습니다. 이때, 의문사가 문장 앞에 오고, 그 뒤에 do/does + 주어 + 동사원형?의 순서를 따릅니다.

- **Why do** you **run** every day? 왜 매일 달리세요?
- **Where does** he **live**? 그는 어디 살아요?
- **What do** they **eat** for lunch? 그들은 점심에 뭐 먹어요?

영어 발음 튜닝하기

Do you run every day?

'Do'와 'you'를 '두 유'가 아닌 붙여서 **'듀'**로 발음하는 것이 더 자연스럽고 원어민처럼 소리를 낼 수 있습니다. **'듀 뤄언 에브뤼 데이?'**가 한 호흡으로 편안하고 자연스럽게 연결됩니다.

Does she run every day?

'Does she'는 '더즈 쉬'로 발음하지만, 이를 더 자연스럽게 발음하기 위해 **'더쉬'**로 연결하는 것이 좋습니다. 'does'와 'she'에서 's' 소리가 연속해서 두 번 나오기 때문에, 's'를 한 번만 부드럽게 처리하는 것이 발음을 더 자연스럽게 만들기 때문입니다. 따라서 **'더쉬'**로 발음하면 두 단어가 자연스럽게 이어지고, 원어민처럼 부드럽게 들릴 수 있습니다. **'더쉬 뤄언 에브뤼 데이'**로 발음하면 한 호흡에 자연스럽게 연결할 수 있습니다.

Do they run every day?

'Do they run every day?'는 부드럽게 한 호흡에 발음하는 것이 중요합니다. 'Do'는 짧고 가볍게 **'두'**로 발음하며, 'they'로 연결합니다. 이때 동사 'run'을 끊지 않고 이어서 발음하는 것이 원어민처럼 들리게 하는 포인트입니다. 즉, **'두 데(이) 뤄언'** 이렇게 자연스럽고 부드럽게 연결하는 것이 발음의 중요한 팁입니다.

원어민 발음되기

스피킹 트레이닝 5번 반복 연습 ○○○○○

영어 발음 튜닝법을 생각하며 다음의 표시에 따라 연습해 보세요.
( )는 묶어서 한 번에, 굵은 글씨는 문장 강세를 살려주는 부분입니다.

▲음원듣기

---

01. (I run) **every** day.

02. (She runs) **every** day.

03. (They run) **every** day.

04. (I **do not**[= **don't**]) run **every** day.

05. (She **does not**[= **doesn't**]) run **every** day.

06. (They **do not**[= **don't**]) run **every** day.

07. (**Do** they run) **every** day?

08. (**Does she** run) **every** day?

09. (**Do you** run) **every** day?

10. **Why** (do you **run**) **every** day?

11. **Why** (do you) **skip** breakfast **every** day?

12. We **don't study** English **every** day but we **study** English **twice** a week.

13. They (**go** to) **school** at 10 o'clock because (they are) **university** students.

14. **Tom studies** Japanese **hard** because he (**lives** in) Japan.

15. I **read** and (**take** a walk) **every** morning but **not on Sundays**.

16. **Why** (does she) (go to) **gym every** day? She's **very** healthy.

17. You meet your **friends every** day. (Do you) have a **lot** of time?

18. **Why** (does he) **play** soccer **every** day? **Isn't** he a doctor?

19. He's **very** busy but he **spends** time with his **son every** day. (He's a) **good** father.

20. **Why** (is she) **rich?** She has **no job**. She does **nothing every** day.

문법 치트키 03

존재의 포커스
There is / are

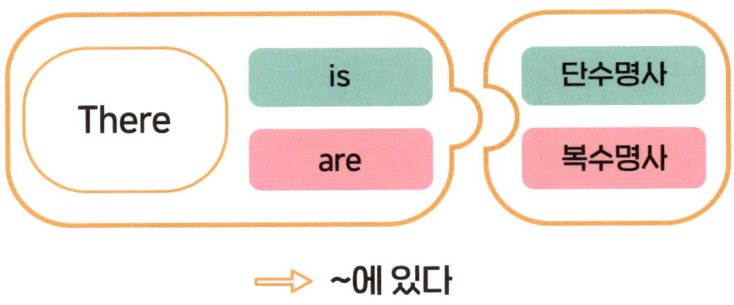

⇒ ~에 있다

존재를 말해주는
문법 치트키

학습 목표

- "우리 집에 소파가 있어요."처럼 무엇이 있는지 말할 수 있어요.
- "이 근처에 괜찮은 아파트 있나요?"처럼 존재 여부를 물을 수 있어요.
- "가족이 몇 명이에요?"처럼 사람이나 사물의 수를 물을 수 있어요.

 치트키 핵심 한눈에 보기

"무언가가 있다", "어딘가에 ~이 있다"처럼 사람이나 사물의 존재를 말할 때 자주 쓰는 표현이에요. 공간 설명, 주변 안내, 새로운 정보 소개 등에서 자연스럽게 쓰이며, 영어 회화의 기본 구조이자 실전 치트키 표현입니다. 데니쌤과 함께 치트키 핵심을 정복해 볼까요?

데니쌤과 함께 학습해 보세요 ▶

데니쌤의 치트키 정리 노트

There is / are	
형태	There is / are + 명사
용도	존재 표현
의미	~가 있다

데니쌤의 치트키 문장 노트

평서문	There are some cars on the road. 도로에 차가 좀 있어요.
부정문	There are not any cars on the road. 도로에 차가 하나도 없어요.
의문문	Are there any cars on the road? 도로에 차가 있나요?

평서문 말하기

There is a car on the road.	도로에 차가 한 대 있어요.
There are some cars on the road.	도로에 차가 좀 있어요.
There is some water.	물이 좀 있어요.

'차 한 대가 있다'를 영어로 표현할 때, 보통 동사 'have'를 먼저 떠올리지만, '~이 있다, 없다'처럼 존재를 표현할 때는 'There is / are'를 사용하는 것이 더 적절합니다. 이 표현은 존재에 집중하기 때문에 'I have a car.'보다는 'There is a car.'처럼 말하는 것이 자연스러운 표현입니다.

더 알아보기

There is / are → **존재**에 집중
- **There is** a book on the table. 테이블 위에 책 한 권이 있어요.

be동사 → **위치**에 집중
- The car **is** in the garage. 차가 차고에 있어요.

have → **소유**에 집중
- I **have** a new laptop. 저는 새 노트북이 있어요.

영어 발음 튜닝하기

There is a car on the road.

'There is'는 '데얼 이즈'로 각각의 단어를 나누어 발음하기보다는, 두 단어를 붙여서 **'데얼즈'**처럼 발음하는 것이 더 원어민스러운 발음입니다. 이때 'is'를 길게 발음하지 않고, 빠르고 짧게 발음해야 합니다. 즉, 'i' 소리가 거의 들리지 않고 **'즈'** 소리처럼 짧게 처리됩니다. 이렇게 발음하면 더욱 자연스럽게 들립니다.

There are some cars on the road.

'There are'는 각각을 따로 '데얼 알'로 발음이 힘들면, **'데얼'**로 이어서 발음합니다. 'There'에서 'r' 소리가 있고 'are'에도 'r' 소리가 바로 붙어서 나오기 때문에 'r' 소리를 한 번만 살려 자연스럽고 길게 연결하는 것이 중요합니다.

There is some water.

'some water'에서 'some'은 짧고 가볍게 **'썸'**으로 발음되며, 'water'는 '워터'가 아닌, 미국식 굴러가는 소리로 발음하면 **'워럴'**로 발음합니다. 특히 't' 소리는 부드럽게, 마치 'ㄹ' 소리처럼 들리게 처리하고 뒤에 이어지는 'er'는 'r' 소리를 살려서 발음합니다. 따라서 전체적으로 **'데얼즈 썸 워럴'** 또는 **'데얼 썸 워럴'**처럼 부드럽게 이어서 발음하면 자연스럽게 들립니다.

부정문 말하기

There is **not** a car on the road.	도로에 차가 한 대도 없어요.
There are **not any** cars on the road.	도로에 차가 하나도 없어요.
There is **not any** water.	물이 하나도 없어요.

특정 대상이나 사물이 존재하지 않는 상황을 표현할 때, 'There is/are'의 부정문을 사용합니다. 부정문은 be동사 뒤에 'not'을 붙여 만들며, 'is not'은 'isn't', 'are not'은 'aren't로 줄여서 쓸 수 있습니다. 또한, 부정문에서 'any'를 함께 써서 수량이 전혀 없다는 점을 강조할 수 있습니다.

- There **isn't** a car on the road.
- There **aren't** any cars on the road.
- There **isn't** any water.

더 알아보기

우리말의 '좀'에 해당하는 'some'은 긍정문에서 사용되고, 부정문이나 의문문에서는 'any'를 사용합니다. 부정문에서 'any'는 '좀'이 아니라 '전혀' 또는 '하나라도'의 의미를 가집니다.

- There is **some** water in the cup. 컵에 물이 좀 있어요.
- There isn't **any** water in the cup. 컵에 물이 전혀 없어요.
- Is there **any** water in the cup? 컵에 물 조금이라도 있어요?

영어 발음 튜닝하기

There is not a car on the road.

'not'은 '낫'으로 분명하게 발음합니다. 이때 't' 소리가 잘 들리도록 혀끝을 윗잇몸에 살짝 대고 딱 끊어주는 것이 포인트입니다. 'a car'의 경우, 'a'는 아주 짧고 약하게 발음하면서 'car'와 자연스럽게 이어집니다. 'car'는 '카알'로 소리가 나는데, 'r' 소리를 낼 때 혀를 뒤로 약간 말아 올리며 발음하는 것이 핵심입니다. 따라서 'not a car' 부분을 연결해서 발음하면 '나러 카알'처럼 자연스럽게 이어집니다.

There are not any cars on the road.

'any'는 '애니'처럼 발음하는데, 이때 'a'는 짧게 발음하고 'n' 소리를 부드럽게 이어갑니다. 뒤에 나오는 'cars'는 앞서 설명한 'car'의 '카알' 발음에 '쓰' 소리를 추가하여 힘을 빼고 연결합니다. 즉, '카알'에서 's' 소리를 가볍게 내면서 '쓰'처럼 들리도록 하는 것이 좋습니다. 이 팁을 적용하면 '애니 카알쓰'처럼 부드럽게 연결해서 발음할 수 있습니다.

There is not any water.

'There is not'을 '데얼즈 낫'으로 부드럽게 연결해도 좋지만 더 자연스럽게 발음하려면 'isn't'을 붙여서 '이즌트'로 발음하는 것이 좋습니다. 이때, '트'는 짧고 약하게 소리를 내어 '델이즌트'로 부드럽게 연결합니다. 전체 문장을 부드럽게 연결하면 '델이즌트 애니 워럴'처럼 발음합니다.

의문문 말하기

Is there a car on the road?	도로에 차가 한 대 있나요?
Are there any cars on the road?	도로에 차가 좀 있어요?
Is there any water?	물이 좀 있어요?

'There is/are' 의문문을 만들 때는 be동사가 주어 앞에 오도록 순서를 바꾸면 됩니다. 즉, 'is' 또는 'are'를 문장 맨 앞에 위치시키면 됩니다. 예를 들어, 'There is a car on the road.'라는 평서문을 의문문으로 만들면, 'Is there a car on the road?'가 됩니다.

 더 알아보기

구체적인 수나 양을 물을 때는 다음과 같은 표현을 사용합니다.

How many + 복수 명사 + are there ~?

- **How many items are** there in your cart?
  장바구니에 물건이 몇 개 있어요?

How much + 셀 수 없는 명사 + is there ~?

- **How much water is** there in the cup?
  컵에 물이 얼마나 있어요?

영어 발음 튜닝하기

Is there a car on the road?

'Is there'를 천천히, 각 단어를 분리해서 발음하면 **'이즈 데얼'**처럼 발음하지만, 두 단어를 자연스럽게 이어서 발음하면 **'이즈델어'**처럼 들리게 됩니다. 'on the road'는 **'언 더 뤄우드'**로 부드럽게 연결되며, 'on'은 **'언'**처럼, 'road'는 **'뤄우드'**로 발음하면 자연스러운 발음이 됩니다.

Are there any cars on the road?

원어민들이 'Are there any'를 빠르게 말할 때, 단어들이 자연스럽게 붙어서 발음이 되는데, 이때, 'Are there'가 붙어서 **'알델'**처럼 들리게 됩니다. 전체를 한 호흡으로 연결하면 **'알델 애니 카알쓰 언 더 뤄우드?'**로 원어민스러운 발음을 가질 수 있습니다.

Is there any water?

'Is there'는 앞서 설명해 드린 것처럼, 원어민스럽게 발음하려면 '이즈'와 '데얼'를 빠르게 붙여서 **'이즈델어'**로 자연스럽게 연결하여, **'이즈델어 애니 워럴?'**로 부드럽게 이어서 발음합니다.

원어민 발음되기

스피킹 트레이닝 5번 반복 연습

영어 발음 튜닝법을 생각하며 다음의 표시에 따라 연습해 보세요.
( )는 묶어서 한 번에, 굵은 글씨는 문장 강세를 살려주는 부분입니다.

▲음원듣기

01. (There is a) **car** on the **road**.

02. (There are) some **cars** on the **road**.

03. (There is) some water.

04. (There is) **not** a **car** on the **road**.

05. (There are) **not** any **cars** on the **road**.

06. (There are) **no cars** on the **road**.

07. (Is there a) **car** on the **road**?

08. (**Are there**) any **cars** on the **road**?

09. (**How many people**) (are there) (in your **family**)?

10. (**How much water**) (is **there**) (in the **cup**)?

11. (There is a) **sofa** in my **house**. It is **very/too small**.

12. (There are) **4 seats** (in her **car**). Her car is **very big**.

13. (There is **no**) **water** (in the **cup**). **I'm thirsty**.

14. (**Are there**) any **good apartments** (around) **here**?
    Yes, (there are) **many**.

15. (There are) **many problems** (in my **life**). So, I'm **very busy**.

16. (There are) **many beautiful places** (in my **country**). But **not** in my **neighborhood**.

17. (**How many rooms**) (are there) (in their **house**)?
    (There are) **5 rooms** (in their **house**).

18. (There is) **no information** about the **project** on my **computer**. But (there's a **lot**) on her **computer**.

19. (**How many eggs**) (are there) (in the **fridge**)?
    (There are) **no eggs** in the **fridge** but some **milk**.

20. (**How many people**) (are there) (in your **family**)?
    (There are) **6 people** (in my **family**).

문법 치트키 04

할 수 있다/없다
조동사 can

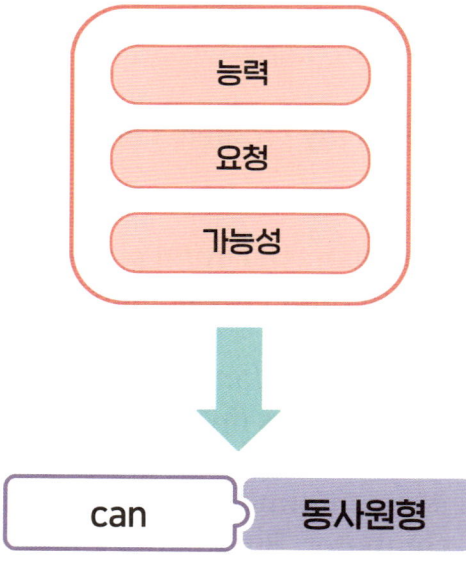

능력 · 허락 · 가능성을 말해주는
문법 치트키

학습 목표

- "저는 영어를 할 수 있어요."처럼 자신의 능력을 말할 수 있어요.
- "펜 좀 빌려도 될까요?"처럼 허락을 구할 수 있어요.
- "저희는 그 아파트 못 사요."처럼 무엇이 가능한지 혹은 불가능한지 말할 수 있어요.

치트키 핵심 한눈에 보기

'~할 수 있다', '가능하다'처럼 능력이나 가능성을 말할 때 자주 쓰는 표현이에요. 할 수 있는 일, 잘하는 일, 자신 있는 행동까지 자연스럽게 표현할 수 있게 해주는 영어 회화의 필수 표현이자 실전 치트키입니다. 데니쌤과 함께 치트키 핵심을 정복해 볼까요?

데니쌤과 함께 학습해 보세요 ▶

데니쌤의 치트키 정리 노트

조동사 can	
형태	can + 동사원형
용도	능력 · 허락 · 가능성 표현
의미	~할 수 있다, ~해도 된다

데니쌤의 치트키 문장 노트

평서문	I can speak English. 저 영어 할 줄 알아요.
부정문	I cannot speak English. 저 영어 못해요.
의문문	Can you speak English? 영어 하실 줄 아세요?

평서문 말하기

I **can speak** English.	저는 영어로 말할 수 있어요.
She **can speak** English.	그녀는 영어로 말할 수 있어요.
They **can speak** English.	그들은 영어로 말할 수 있어요.

조동사는 문장의 성격이나 분위기를 바꿔주는 역할을 합니다. 쉽게 말해, 문장의 'mood'를 조절하는 것이 조동사입니다. 우리가 처음 배우는 조동사는 여러 조동사 중 하나인 'can'으로, '~할 수 있다'는 의미를 나타냅니다. 'can' 뒤에는 반드시 동사원형이 와야 한다는 점을 기억하세요. 예를 들어, 'I can speak English.'에서 조동사 'can' 뒤에 'speak'라는 동사원형이 오는 것이 그 예입니다.

 더 알아보기

의미는 같지만, 시제나 문맥에 따라 'be able to'가 더 적절한 경우도 있어요. 특히 미래 시제나 조동사 뒤처럼 'can'을 쓸 수 없는 자리에는 'be able to'를 사용합니다.

- I**'m able to** work today. 오늘 일할 수 있어요.
- She **was able to** catch the bus. 그녀는 버스 탈 수 있었어요.
- We**'ll be able to** finish it. 우리는 그걸 끝낼 수 있을 거예요.

영어 발음 튜닝하기

I can speak English.

위의 예문에서 주의해야 할 부분은 'can'의 발음입니다. 흔히 우리가 '~할 수 있다'의 의미로 'can'을 '캔'처럼 발음하지만, 원어민들은 이 단어를 **'껜'**처럼 흐리고 약하게 발음합니다. 'can'을 강조하지 않고 뒤에 오는 동사를 더 강조해서 발음해야 더 자연스럽고 원어민스럽게 들립니다.

She can speak English.

'speak'에서 'p' 소리는 'ㅍ'가 아닌 된소리로 강하게 'ㅃ'로 발음하는 것이 더 자연스럽습니다. 즉, 'She can speak'를 **'쉬 껜 스뻭'**으로 연결해서 발음하는 것이 더욱 자연스럽게 들립니다.

They can speak English.

'English'는 많은 사람들이 '잉굴리쉬이'처럼 발음하지만, 원어민들 발음은 **'잉-글리쉬'**로 발음되며 또한, '-sh-'는 '쉬이'처럼 길게 발음하지 않고, 바람 소리처럼 짧게 '쉬'로 발음됩니다. 앞에 동사와 자연스럽게 연결하면 **'스뻭 잉-글리쉬'**로 발음되며 전체 문장은 **'데이 껜 스뻭 잉-글리쉬'**로 'They, speak, English'에 강세와 리듬을 주어 발음을 하면 더 자연스럽게 들립니다.

부정문 말하기

I **cannot** speak English.	저는 영어로 말 못해요.
She **cannot** speak English.	그녀는 영어로 말 못해요.
They **cannot** speak English.	그들은 영어로 말 못해요.

조동사 can을 부정문으로 만들 때는 not의 위치가 중요합니다. not은 조동사 바로 뒤에 와야 하며, 조동사는 주어가 누구든 형태가 변하지 않습니다. 예를 들어, "I cannot speak English."처럼 간단히 부정문을 만들 수 있습니다. 이때, 조동사 뒤에는 반드시 동사원형이 와야 한다는 점도 기억하세요. 또한, cannot은 보통 붙여 쓰는 형태로 사용되며, 구어체나 일상 대화에서는 축약형 can't가 더 자연스럽게 쓰입니다. 참고로, can not처럼 띄어 쓰는 경우도 있지만 이는 드물고, 특별히 강조할 때만 사용됩니다.

- I **can't[= cannot] speak** English.
- She **can't[= cannot] speak** English.
- They **can't[= cannot] speak** English.

영어 발음 튜닝하기

I cannot[= can't] speak English.

'cannot'은 '캔 낫'처럼 두 단어로 나누어 발음하지 않고, 하나의 단어처럼 부드럽게 이어서 발음해야 합니다. 자연스럽게 끊어지는 느낌을 주는 것이 중요합니다. 'cannot'의 축약형인 'can't'는 '캔트'로 발음하지만, '트' 소리는 길게 끌지 않고, 갑자기 뚝 끊기는 느낌으로 해주는 것이 포인트입니다.

She cannot[= can't] speak English.

'she'를 발음할 때는 입술이 약간 앞으로 내밀어지면서 윗니와 아랫니가 가까워집니다. 혀의 중간 부분이 입천장 중간에 닿는 느낌으로 위치한 후, 가운데로 바람을 내보내면서 '쉬'라고 발음합니다. 이때, 'sh' 소리를 부드럽게 내는 것이 중요합니다. 강조할 때는 '쉬이'처럼 조금 길게 발음하지만, 일반적인 상황에서는 '쉬'라고 짧고 부드럽게 발음하는 것이 자연스럽습니다.

They cannot[= can't] speak English.

'they'에서 'th' 발음은 혀끝을 윗니와 아랫니 사이에 살짝 놓고, 공기를 밀어내며 약간의 진동을 동반한 'ㄷ' 소리를 내면 됩니다. 천천히 말하거나 'they'를 강조할 때는 '데이'처럼 발음합니다. 그러나 문장에서 'they'가 빠르게 발음될 때는 '데이'의 '이' 소리를 약하게 발음하여 '데'처럼 간단하게 발음할 수도 있습니다.

의문문 말하기

Can I speak English?	제가 영어로 말할 수 있어요?
Can she speak English?	그녀는 영어로 말할 수 있어요?
Can they speak English?	그들은 영어로 말할 수 있어요?

의문문은 어떻게 말할까요? 조동사 'Can'을 맨 앞으로 가져오시면 됩니다. 이렇게요. "Can I speak English?" 의문문에서도 동사원형 모양은 유지해야만 합니다. 추가로, 'Can'을 사용한 의문문은 주로 허락을 구하거나, 가능성을 묻는 질문에 자주 쓰입니다. 예를 들어, "Can I borrow your pen?"은 상대에게 펜을 빌릴 수 있는지 허락을 구하는 질문이고, "Can you finish this on time?"은 상대가 이 일을 제시간 안에 끝낼 수 있는지 능력이나 실행 가능 여부를 묻는 질문입니다. 조동사를 맨 앞으로 옮기고, 동사원형을 유지하는 규칙을 꼭 기억하세요.

더 알아보기

Can은 현재의 능력이나 가능성을 말할 때, 또는 친구처럼 편한 사이에 직접적으로 요청할 때 씁니다.

- **Can** you help me? 도와줄래?

Could는 과거 능력을 말하거나, 좀 더 공손하게 요청할 때 씁니다.

- **Could** you help me? 도와주실 수 있을까요?

영어 발음 튜닝하기

Can I speak English?

평서문에서 'can'은 '캔'이 아닌 **'껀'**으로 발음하는 것이 자연스럽다고 말씀 드렸지만, 의문문에서는 'can'을 문맥에 따라 강조하고 싶을 때 **'캔'**으로 발음할 수 있습니다. 예를 들어, **'캔 아이 스뻭 잉-글리쉬?'** 처럼 발음할 수 있습니다.

Can she speak English?

주어진 예문을 원어민처럼 자연스럽게 발음하기 위해서, 일반적으로 'can'은 약하게 **'캔'**으로 발음하는 것이 좋습니다. 'she'와 부드럽게 연결하여 **'캔 쉬'**로 자연스럽게 이어 발음합니다. 뒤에 나오는 'speak'는 **'스피크'**가 아닌 **'스뻭'**으로, 'p' 소리를 강하게 발음하는 것이 중요합니다. 이렇게 하면 **'캔 쉬 스 뻭 잉-글리쉬?'**가 되며, 의문문이기 때문에 끝부분을 올려서 발음해 주시면 더 원어민스럽게 들립니다.

Can they speak English?

'Can they'는 **'캔 데이'**로 이어서 발음할 수 있지만, 일상 대화에서는 '데이'를 약하게 발음하기 때문에 **'데'**로 하는 것이 자연스럽습니다. 끝에 의문문이므로 음을 살짝 올려서 **'캔 데 스뻭 잉-글리쉬?'**로 발음하는 것이 원어민스럽게 들립니다.

원어민 발음되기

스피킹 트레이닝 5번 반복 연습 ○○○○○

영어 발음 튜닝법을 생각하며 다음의 표시에 따라 연습해 보세요.
( )는 묶어서 한 번에, 굵은 글씨는 문장 강세를 살려주는 부분입니다. ▲음원듣기

01. (I can **speak**) **English**.

02. (She can **speak**) **English**.

03. (They can **speak**) **English**.

04. (I **cannot**[= **can't**] **speak**) **English**.

05. (She **cannot**[= **can't**] **speak**) **English**.

06. (They **cannot**[= **can't**] **speak**) **English**.

07. (Can I **speak**) **English**?

08. (Can she **speak**) **English**?

09. (Can they **speak**) **English**?

10. (Can I **borrow**) your **pen**?

11. (If you are) **very busy today,** (you can **take**) the **taxi**.

12. (He can **go home**) **early today**. It's his **wife's birthday today**.

13. (**How many languages**) (can she **speak**)?

14. (Can I **go home**) **early today**? I'm **sick**.

15. (I **can't drink**) **alcohol** because I'm **allergic** to **alcohol**.

16. Can I (**sit here**)?

17. (We can **ride**) **bicycles,** but **they can't**.

18. (You can **drive**) my **car because** you are a **good driver**.

19. (We **can't buy**) that **apartment** because we're **not rich**.

20. (He can **wake up**) **early tomorrow** because (there is an) **important meeting**.

'누구의 것인지'를 말하는
의문사 whose

==소유 관계를 말해주는== 문법 치트키

🎯 학습 목표

- "이거 누구 책이에요?"처럼 누구의 것인지 물을 수 있어요.
- "이건 우리 아빠 차예요."처럼 누구의 것인지 대답할 수 있어요.
- "얘 누구 강아지예요?"처럼 사람뿐 아니라 동물이나 물건의 소유도 말할 수 있어요.

치트키 핵심 한눈에 보기

"누구의 것인지"를 물을 때 쓰는 표현이에요. 물건의 주인이나 책임을 자연스럽게 묻는 데 유용하며, 일상 대화에서도 자주 쓰입니다. 누구나 아는 who보다 구조는 단순하지만, 잘 쓰지 않아 놓치기 쉽죠. 익혀두면 회화 표현의 폭을 한층 넓혀주는 실전 치트키랍니다. 데니쌤과 함께 치트키의 핵심을 정복해 볼까요?

데니쌤과 함께 학습해 보세요 ▶

데니쌤의 치트키 정리 노트

의문사 whose	
형태	Whose 명사 + is it?
용도	소유에 관한 의문사
의미	누구의

데니쌤의 치트키 문장 노트

의문문	Whose is it? 그거 누구 거예요?
평서문	It's mine. 내 거예요.
부정문	It isn't mine. 그거 내 거 아니에요.

의문문 말하기

Whose is it?	그거 누구 거예요?
Whose are they?	그것들은 누구 거예요?
Whose are these keys?	이 열쇠 꾸러미는 누구 거예요?

'Whose'는 기본적으로 의문문에서 가장 많이 사용됩니다. 오늘은 평소와 다르게, 의문문 형태부터 배워보겠습니다. 'Whose'는 기본적으로 '누구의'라는 의미를 가지고 있으며, 문장의 맨 앞에 위치합니다. 그다음, 의문문을 만들 때의 일반적인 순서에 따라 동사와 주어가 이어집니다. 예를 들어, '이것은 누구의 것이죠?'의 의미를 영어로 표현할 때, '누구의'를 나타내는 'whose'가 맨 앞에 오게 됩니다. 그다음, 동사 'is', 마지막은 '그것'을 나타내는 'it'이 오게 되어, 'Whose is it?'과 같은 문장이 만들어집니다.

더 알아보기

주어	소유격	소유 대명사
I	my	mine
You	your	yours
He / She / It	his / her / its	his / hers / X
We	our	ours
They	their	theirs

영어 발음 튜닝하기

Whose is it?

'Whose'는 '후즈'처럼 부드럽게 발음하며, 'z' 소리를 분명하게 내는 것이 중요합니다. 발음할 때 입술을 살짝 내밀어 **'후즈'** 소리가 자연스럽게 나도록 합니다. 'is'와 'it'을 각각 끊지 않고, 이어서 **'이짓'**처럼 발음하면 더 원어민스럽게 들립니다. 문장 전체를 보면, **'후즈 이짓?'**처럼 부드럽게 연결하여 발음해 주세요.

Whose are they?

먼저, 'Whose'는 앞 문장과 동일하게 **'후즈'**로 발음합니다. 이때 'z' 소리를 분명하게 내는 것이 중요합니다. 'are they' 부분은 빠르게 이어서 발음하는 것이 포인트입니다. 'are'는 약하게 발음하면서 'r' 소리를 살려 **'알'**처럼 발음하고, 'they는 부드럽게 **'데이'**로 발음합니다. 문장 전체는 **'후즈알 데이?'** 또는 **'후잘 데이?'**처럼 부드럽게 이어서 발음하면 자연스럽게 들립니다.

Whose are these keys?

'are these'는 **'알 디즈'**처럼 빠르게 이어지며 'keys'는 **'키이즈'**로 발음하며, 'z' 소리도 정확하게 내야 합니다. 문장 전체는 **'후즈알 디즈 키이즈?'** 또는 **'후잘 디즈 키이즈?'**처럼 부드럽게 연결해서 발음하면 원어민스럽게 들립니다.

평서문 말하기

It's mine.	그건 제 거예요.
They're my children's.	그건 우리 아이들 거예요.
They're hers.	그건 그녀 거예요.

'Whose'로 질문을 하면, 무엇이 누구의 것인지 묻는 것입니다. 답할 때는 소유를 나타내는 단어를 사용하여 답할 수 있습니다. 예를 들어, '그것은 나의 것이야'는 'mine(나의 것)'을 활용하여 'It's mine.'으로 답할 수 있습니다.

- Whose is it? → It's mine.
- Whose are they? → They're my children's.
- Whose are these keys? → They're hers.
- 나의 것 → mine
- 너의 것 → yours
- 그의 것 → his
- 그녀의 것 → hers
- 우리의 것 → ours
- 그들의 것 → theirs

 더 알아보기

'it'의 복수는 'they'입니다. 'they'는 '그들'이라는 의미 뿐만 아니라 '그것들'이라는 물건을 가리킬 때 사용하기도 합니다. '이것', '저것'을 의미하는 단어 'this'와 'that'의 복수형은 각각 'these'와 'those'로 표현합니다.

영어 발음 튜닝하기

It's mine.

'It is'의 줄임말인 'it's'는 **'잍츠'** 로 발음합니다. 이때, 'it'의 소유격인 'its'와 발음은 동일합니다. 따라서 두 단어를 듣고 구분하는 방법은 문장 안에서 전체 의미를 통해 구분할 수 있습니다. 'mine'은 끝에 'n' 소리를 확실하게 내는 것이 중요합니다. 문장 전체를 원어민처럼 발음하면 **'잍츠 마인'** 으로 자연스럽게 이어서 말할 수 있습니다.

They're my children's.

'They're'는 **'데얼'** 로 연결하여 발음합니다. 'children' 발음에서 앞부분 'chil'은 입술을 앞으로 내밀면서 **'췰'** 이라고 발음하는 것이 자연스럽습니다. 이어서 뒤에 나오는 'dren'은 **'드런'** 으로 부드럽게 이어 발음하면 됩니다. 문장 전체를 **'데얼 마이 췰드런스'** 로 자연스럽게 발음하면 원어민스럽게 들립니다.

They're hers.

'hers'는 **'허얼즈'** 로 발음이 되지만, 끝의 **'즈'** 소리를 '스'와 '즈' 사이로 발음을 해주시는 것이 원어민 발음에서 더 자연스럽게 들리게 하는 중요한 요소입니다. 문장 전체를 **'데얼 허얼즈'** 로 하시고 **'즈'** 소리를 너무 세지 않게 부드럽게 처리하는 방식을 추천드립니다.

부정문 말하기

It **isn't** mine.	그건 제 것이 아니에요.
They **aren't** my children's.	그건 우리 아이들 것이 아니에요.
They **aren't** hers.	그건 그녀의 것이 아니에요.

'Whose'로 질문을 하면, 무엇이 누구의 것인지 묻는다고 했죠. 이번에는 아니라고 말할 때 어떻게 답하는지 알아볼게요. 긍정문과 비슷하지만, 부정을 나타내는 'not'을 넣으면 됩니다. 즉, 'Whose' 질문에 아니라고 답할 때는 'isn't'나 'aren't'와 같은 부정어를 사용해서, '내 것, 그녀의 것이 아니다'라고 말하면 됩니다. 예를 들어, 'Whose is it?'라고 질문했을 때, '내 것이 아니에요.'라고 답하고 싶다면 'It isn't mine.' 또는 'It's not mine.'이라고 할 수 있습니다.

 더 알아보기

사물이 누구의 것인지 물어볼 때, 'Whose + 사물 + 동사 + 주어?' 형태로 질문을 만들 수 있습니다.

- **Whose computer** is it? 그거 누구 컴퓨터예요?
  → It's **his**. 그거 그 사람 거예요.
  → It isn't **ours**. 그건 우리 거 아니에요.

영어 발음 튜닝하기

It isn't mine.

'isn't'는 개별적으로 발음할 때는 **'이즌트'**로 발음될 수 있지만, 문장 안에서 'it'과 붙으면 **'이리즌'**으로 발음됩니다. 특히, 't' 소리를 너무 강하게 내지 않고 자연스럽게 넘어가는 것이 자연스러운 발음의 핵심입니다.

They aren't my children's.

원어민처럼 자연스럽게 발음하려면 우선 'They aren't'는 **'데이 아알은ㅌ'**에 가깝게 발음됩니다. 여기서 'aren't'의 't' 소리는 짧고 약하게 발음하거나 생략하듯 부드럽게 소리 내면 됩니다. 빠르게 발음할 때는 't' 소리가 거의 들리지 않을 정도로 부드럽게 연결하여 '알은'처럼 들릴 수 있습니다. 전체 문장은 **'데이 아알은ㅌ 마이 췰드런스'**로 부드럽게 이어 발음하면 원어민스럽게 들립니다.

They aren't hers.

주어진 예문 'They aren't hers.'를 앞에서 배운 내용을 잘 적용해 보면, **'데이 아알은ㅌ 허얼즈'**가 됩니다. 조금 더 빠르고 자연스럽게 발음하면 **'데 아알은ㅌ 허얼즈'**처럼 들릴 수 있습니다. 이때 '허얼즈'의 마지막 '즈' 소리를 너무 강하게 하지 않고, 약간 '스' 소리에 가깝게 들리도록 부드럽게 처리하는 것이 중요합니다. 이렇게 발음하면 더 자연스럽고 원어민스럽게 들릴 수 있습니다.

원어민 발음되기

스피킹 트레이닝 5번 반복 연습

영어 발음 튜닝법을 생각하며 다음의 표시에 따라 연습해 보세요.
( )는 묶어서 한 번에, 굵은 글씨는 문장 강세를 살려주는 부분입니다.

▲음원듣기

01. (**Whose** is **it**)?

02. (**Whose** are) **they**?

03. (**Whose** are) these **keys**?

04. It's **mine**.

05. (**They're**) my **children**.

06. (**They're**) **hers**.

07. (**It isn't**) **mine**.

08. (They aren't) my **children**.

09. (They aren't) **hers**.

10. (**Whose computer**) (is **it**)?

11. A: (**Whose book**) is **it**?
B: It's **his book**.

12. A: (**Whose car**) is **it**?
B: It's my **father's car**.

13. A: (**Whose hat**) is **it**?
B: It's **her hat**.

14. A: (**Whose key**) is **it**?
B: It's **my key**.

15. A: (**Whose dog**) is **it**?
B: It's our **neighbor's dog**.

16. A: (**Whose bag**) is **it**?
B: It's **his bag**.

17. A: (**Whose glasses**) are **they**?
B: They're **grandmother's glasses**.

18. A: (**Whose pencil**) is **it**?
B: It's **my sister's pencil**.

19. A: (**Whose watch**) is **it**?
B: It's **his watch**.

20. A: (**Whose plate**) is **it**?
B: It's **her plate**.

원하는 것을 말하는 would like

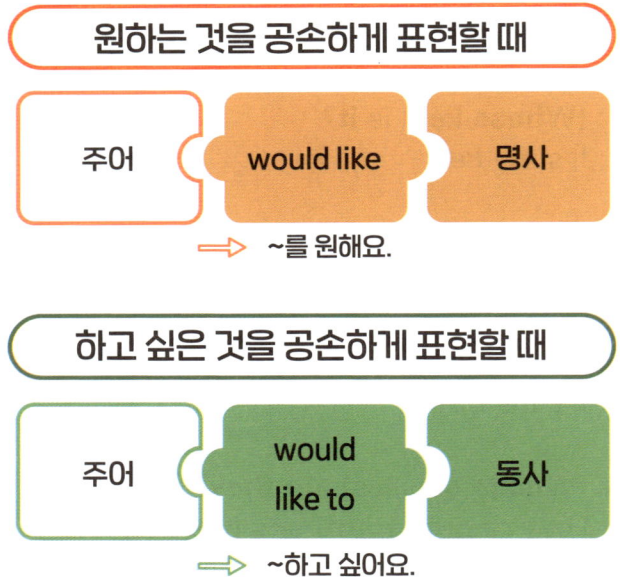

학습 목표

- "커피 한 잔 주세요."처럼 원하는 것을 공손하게 말할 수 있어요.
- "예약하고 싶어요."처럼 하고 싶은 일을 정중하게 말할 수 있어요.
- "샐러드에 드레싱 원하시나요?"처럼 상대에게 정중하게 권하거나 물어볼 수 있어요.

치트키 핵심 한눈에 보기

'~을 원해요', '~하고 싶어요'처럼 바라거나 원하는 마음을 정중하게 표현할 때 쓰는 표현이에요. 쇼핑, 주문, 요청, 제안 등 다양한 상황에서 부드럽게 내 의사를 전할 수 있도록 도와주는 실전 치트키입니다. 데니쌤과 함께 치트키의 핵심을 정복해 볼까요?

데니쌤과 함께 학습해 보세요 ▶

데니쌤의 치트키 정리 노트

would like	
형태	❶ would like + 명사 ❷ would like + to + 동사원형
용도	원하는 것, 하고 싶은 것을 공손하게 말할 때 사용
의미	~을 원하다 / ~하고 싶다

데니쌤의 치트키 문장 노트

평서문	I would like a steak. 스테이크 주세요.
의문문	Would you like a steak? 스테이크 괜찮으세요?

평서문 말하기

I **would like** a steak.	스테이크 주세요.
I **would like** a cup of water.	물 한 잔 주세요.
I **would like** a ticket for the concert.	저는 그 콘서트 티켓을 원해요.

'would like'은 정중하게 원하는 바를 표현할 때 사용하는 표현으로, 뒤에 명사나 동사원형(to부정사)이 올 수 있습니다.

먼저, 'would like + 명사'는 어떤 물건이나 음식을 요청할 때 자주 쓰입니다.

I **would like** a glass of water. 물 한 잔 주세요.
I **would like** a window seat. 창가 좌석 주세요.

한편, 'would like to + 동사원형'은 자신이 어떤 행동을 하고 싶다는 의사를 공손하게 나타낼 때 사용됩니다.

I **would like to** check in. 체크인하고 싶어요.
I **would like to** sit here. 여기 앉고 싶어요.

이처럼 'would like'은 상황에 따라 명사나 동사원형을 자유롭게 연결해 공손한 표현을 만들 수 있는 기본 표현입니다.

더 알아보기

I **would like** a steak. vs. I **want** a steak.
두 문장 모두 '스테이크를 원한다'는 뜻이지만, 'want'는 친구나 가까운 사이에 자주 말합니다. 공식적인 상황에서는 'would like'이 더 정중하고 공손한 표현입니다. 듣는 사람에게 더 부드럽게 전달되는 효과도 있습니다.

영어 발음 튜닝하기

I would like a steak.

'I would like'을 천천히 발음하면 '아이 우(워)드 라이크'로 발음되지만, 문장 안에서 한 호흡으로 연결하면 **'아이드라잌'**으로 줄여서 발음 할 수 있어요. 여기서 조금 더 원어민 호흡으로 하면 **'아들라잌'**으로 부드럽게 연결해서 발음할 수 있습니다. 더 속도를 내면 **'아를라잌'**도 가능합니다. 'like'에서 'l' 발음은 앞에 'would'에 'd' 소리와 연결하여 **'들'** 또는 **'를'**처럼 소리나는 것이 부드럽게 들립니다.

I would like a cup of water.

'a cup of water'에서 'cup of'를 붙여서 '컵 오브'가 아니라 **'커뻐브'**로 발음합니다. 여기서 'p' 소리를 된소리로 발음해서 **'뻐'**로 소리를 내는 것이 더 자연스러운 발음이 됩니다. 전체 문장을 발음해 보면 **'아들(를)라이꺼 커뻐브 워럴'**로 발음됩니다.

I would like a ticket for the concert.

'ticket'의 발음은 '티켓'이 아니라 **'티껫'**으로 된소리 발음 해주는 것이 좋습니다. 여기서 조금 더 자연스럽게 조금 더 유창하게 보이는 방법은 'like a'를 붙여서 발음하는 것입니다. 이렇게요, **'아를라이꺼'**로 한 호흡으로 부드럽게 발음을 할 수 있습니다. 'concert'에서도 'con'에 강세를 두고 발음을 하는데, '콘'이 아니라 **'칸'**으로 발음해 주는 것이 조금 더 원어민스러운 발음이 됩니다.

의문문 말하기

Would you like a steak?	스테이크 괜찮으세요?
Would you like a cup of water?	물 한 잔 드시겠어요?
Would you like a ticket for the concert?	그 콘서트 티켓 원하시나요?

'would like'를 활용한 의문문은 상대방이 무엇을 원하는지 정중하게 묻는 표현입니다. 이 문장은 'Would you like + 명사?'의 구조를 갖습니다. 만약, 상대방이 무엇을 원하는지를 정중하게 묻고 싶다면 'what'을 앞에 붙여 'What would you like ~?' 형태로 사용할 수 있습니다.

What would you like for lunch? 점심으로 무엇을 드시겠어요?
What color would you like? 어떤 색을 원하시나요?

이와 함께, 'would like to + 동사원형' 구조를 활용하면 상대방이 어떤 행동이나 활동을 하고 싶어 하는지 정중하게 물어볼 수 있습니다. 이 형태는 'Would you like to + 동사원형?'으로 사용됩니다. 이 질문은 상대방이 특정 활동에 참여하고 싶어 하는지 부드럽게 물을 때 사용하는 표현입니다.

Would you like to go for a walk? 산책 가시겠어요?
Would you like to join us for dinner? 저녁 식사 함께 하시겠어요?

영어 발음 튜닝하기

Would you like a steak?

'Would you'는 '우드 유'가 아니라 자연스럽게 **'우쥬'**로 발음하는 것이 좋습니다. 'like'의 첫소리 'l'은 앞 단어, 'you'에 붙여 발음하는 것이 더 자연스럽습니다. 즉, **'우쥬 라잌'**보다는 **'우쥴라잌'**으로 한 호흡으로 연결해서 발음하는 것이 원어민스럽습니다. 전체 문장을 스피킹 팁을 적용해서 해보면 **'우쥴라이꺼 스떼이크?'**처럼 들리게 됩니다. 하나를 표현하는 'a'는 'like'에 붙여서 **'라이꺼'**로 연결됩니다.

Would you like a cup of water?

'Would you like a cup of water?'는 **'우쥴라이꺼 커뻐브 워럴'**로 한 번에 부드럽게 묶어서 발음하는 것이 좋습니다. 이렇게 하면 원어민처럼 자연스럽게 들립니다. 이렇게 발음할 때, 각각의 단어를 끊지 않고 소리들이 이어지도록 해야 합니다.

Would you like a ticket for the concert?

'Would you like a ticket for the concert?'에서 'Would you'는 **'우쥬'**, 'like a'는 **'라이꺼'**로, 'ticket for'는 **'티껫포'**로 발음합니다. 'the concert'는 **'더 칸설트'**로 발음합니다. 이 모든 단어들을 끊지 않고 한 번에 연결하면서, 'ticket'과 'concert'에 조금 더 힘을 주어 발음하면 자연스럽고 의미가 명확하게 전달됩니다.

원어민 발음되기

스피킹 트레이닝 5번 반복 연습

영어 발음 튜닝법을 생각하며 다음의 표시에 따라 연습해 보세요.
( )는 묶어서 한 번에, 굵은 글씨는 문장 강세를 살려주는 부분입니다.

▲ 음원듣기

01. (I would like a) **steak**.

02. (I would like a) (cup of) **water**.

03. (I would like a) **ticket** for the **concert**.

04. (I would like to) **sit** here.

05. (I would like to) (take a) **picture**.

06. (I would like to) **cancel** my **reservation**.

07. (Would you like a) **steak**?

08. (Would you like a) **cup** of **water**?

09. (Would you like a) **ticket** for the **concert**?

10. (**What** would you **like**) for **lunch**?

11. (I'd like a) **cup** of **coffee**.

12. (I'd like a) glass of **water**.

13. (Would you like a) **receipt**?

14. (**How** would you like your) **steak**?

15. (Would you like) **dressing** on your **salad**?

16. (**Which salad dressing**) (would you like)?

17. (I'd **like** a) **pair** of **shoes**.

18. (**Which brand**) (would you like)?

19. (**What color**) (would you like)?

20. (**What size**) (would you like)?

지금 하고 있는 행동을 말하는
현재진행형

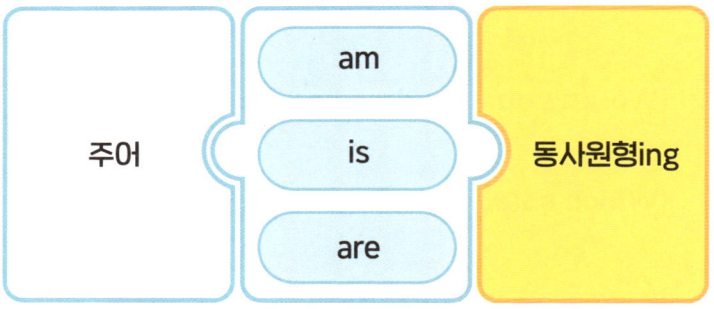

일상 속 진행을 말해주는
문법 치트키

학습 목표

- "지금 전화하고 있어요."처럼 현재 하는 행동을 말할 수 있어요.
- "지금 뭐 하고 있어요?"처럼 현재 하는 일을 물을 수 있어요.
- "그녀는 새로운 언어를 배우고 있어요."처럼 진행 중인 일이나 변화를 말할 수 있어요.

치트키 핵심 한눈에 보기

'~하는 중이에요', '지금 ~하고 있어요'처럼 바로 이 순간 일어나고 있는 동작이나 상황을 표현할 때 쓰는 말이에요. 지금 벌어지고 있는 행동, 실시간 관찰, 생생한 묘사까지 자연스럽게 말할 수 있게 해주는, 영어 회화의 실전 치트키입니다. 데니쌤과 함께 치트키의 핵심을 정복해 볼까요?

데니쌤과 함께 학습해 보세요 ▶

데니쌤의 치트키 정리 노트

	현재진행형
형태	am/is/are + 동사원형ing
용도	지금 진행 중인 동작 표현
의미	~하는 중이다

데니쌤의 치트키 문장 노트

평서문	I'm talking on the phone. 나 통화 중이야.
부정문	I'm not talking on the phone. 나 통화 중 아니야.
의문문	Are you talking on the phone? 통화 중이야?

평서문 말하기

I'm talking on the phone.	나 통화 중이야.
She's talking on the phone.	그녀는 통화 중이야.
They're talking on the phone.	그들은 통화 중이야.

현재진행형은 말하는 순간에 진행 중인 동작이나 일시적인 행동 또는 상태를 나타내는 시제입니다. 이 시제는 주어의 인칭과 수에 맞는 be동사(am, is, are)와 일반동사원형에 '-ing'를 붙여서 만듭니다. 현재진행형은 지속적으로 발생하고 있는 행동 즉, 특정 기간 동안 일시적으로 지속해서 반복되는 행동 또는 지금 당장 일어나고 있는 일을 나타낼 때 사용됩니다.

 더 알아보기

현재진행형은 말하는 순간에 진행 중인 동작을 설명할 때 사용되며, 가까운 미래에 확정된 일이나 계획을 표현할 때도 사용됩니다. 이 경우에는 'tonight', 'tomorrow', 'this weekend' 같은 미래 시점을 나타내는 시간 표현과 함께 쓰이는 경우가 많습니다.

- I'm watching a movie tonight.
  오늘 밤에 영화 볼 거야.
- I am meeting my friend tomorrow.
  나는 내일 친구를 만날 예정이야.
- We're having a team dinner next week.
  우리 다음 주에 회식 있어.

영어 발음 튜닝하기

I'm talking on the phone.

먼저, 'I'm'은 '**암**'으로 빠르고 가볍게 발음합니다. 'talking'에서 'talk'의 'k'는 문장 안에서 거의 소리가 나지 않습니다. 'talking'은 '토킹'으로 발음하기 보다는 '**토**'와 '**터**' 사이로 발음하는데, 약간 '**터**'에 가까운 발음을 하고 '터킹'이 아니라 '**터낑**'처럼 발음하는 것이 더 원어민스럽습니다.

She is talking on the phone.

'She is'를 '쉬 이즈'라고 분리하지 않고, '**쉬즈**'처럼 붙여서 발음하는 것이 더 자연스럽습니다. 'on the phone'은 '온 더 폰'이 아니라, '**언 더 포온**'처럼 발음합니다.

They are talking on the phone.

'They are'는 '**데얼**'로 한 번에 붙여 발음하는 것이 자연스럽습니다. 앞에서 배운 스피킹 팁을 전체적으로 적용하면, '**데얼 터낑 언 더 포온**'으로 한 호흡에 자연스럽게 발음할 수 있습니다. 중요한 포인트는 'they are'를 '**데얼**'로 붙여 발음하고, 'talking'은 '**터낑**'으로 'king'을 힘을 뺀 된소리 '**낑**'으로 발음한다는 것입니다.

부정문 말하기

I'm not talking on the phone.	나 통화 중 아니야.
She's not talking on the phone.	그녀는 통화 중 아니야.
They're not talking on the phone.	그들은 통화 중 아니야.

현재진행형의 부정문은 be동사 뒤에 'not'을 추가하여 만들어집니다. 이 구조는 '주어 + be동사(am, is, are) + not + 일반동사+ing' 형태를 가지고 있으며, 이를 통해 현재 진행 중이지 않은 행동이나 일어나지 않는 상태를 표현할 수 있습니다.

더 알아보기

현재진행형 부정문에서는 'not'을 강조하여 '절대 ~하지 않는다'는 의미를 전달할 수 있습니다. 바로 'definitely', 'absolutely' 이러한 단어가 'not' 앞에 오면 부정의 의미가 더 강해져, '절대 ~하지 않는다'는 뜻을 만들 수 있습니다.

- I **am definitely not going** to the party.
  나는 절대 그 파티에 가지 않을 거야.
- We**'re absolutely not staying** here.
  우리 여기 절대 안 있을 거야.

영어 발음 튜닝하기

I'm not talking on the phone.

'I'm not'은 '**암 낫**'으로 발음하는데, 이때 '**낫**'을 꾹 눌러 발음하는 것이 좋습니다. '**암 낫 터낑**'으로 자연스럽게 이어서 발음합니다.

She's not talking on the phone.

주어진 예문에서 'she's'는 '**쉬즈**'로 빠르게 발음하고, 'not'을 꾹 눌러 '**낫**'으로 발음합니다. '**쉬즈 낫 터낑 언 더 포온**'과 같이 한 호흡으로 문장 전체를 자연스럽게 연결하여 발음할 수 있습니다.

They're not talking on the phone.

'They're not talking on the phone.'에서 'They're'은 '**데얼**'로 한 번에 붙여 발음합니다. 'talking on the phone'은 앞서 설명한 대로 '**터낑 언 더 포온**'으로 발음합니다. 'king' 소리는 문장 안에서 힘을 뺀 된소리 발음으로 '**터낑**'으로 발음하는 것이 자연스럽게 뒤의 소리와 연결됩니다. 이렇게 발음하면 문장이 더 원어민스럽고 자연스럽게 들립니다.

의문문 말하기

Are you **talking** on the phone**?**	통화 중이야?
Is she **talking** on the phone**?**	그녀는 통화 중이에요?
Are they **talking** on the phone**?**	그들은 통화를 하고 있어요?

현재진행형 의문문은 현재 시점에서 진행 중인 동작이나 상태에 대해 질문할 때 사용됩니다. 이 시제의 의문문은 be동사(am, is, are)를 주어 앞에 위치시켜 만듭니다. 'be동사(am, is, are) + 주어 + 일반동사ing'의 구조를 갖습니다. 이 형식을 통해 현재 어떤 행동이 진행 중인지 묻는 질문을 할 수 있습니다.

더 알아보기

의문사가 들어간 현재진행형 의문문에서는 의문사가 맨 앞에 오고, 그 뒤에 be동사(am, is, are) + 주어 + 일반동사ing 순서로 구성됩니다.

- **What are** you **doing?** 너 뭐하는 중이야?
- **Where are** they **going?** 그들은 어디 가고 있어?
- **Who is** she **talking** to**?** 그녀는 누구랑 이야기 중이야?

영어 발음 튜닝하기

Are you talking on the phone?

의문문에서 'Are you'는 **'알 유'**로 또박또박 발음할 때는 'are'를 강조하고자 할 때 사용합니다. **'알 유 터낑 언 더 포온?'**에서 'Are you talking'은 한 묶음으로 말해보세요.

Is she talking on the phone?

'Is she'에서도 스피킹 팁이 있습니다. 원어민들은 '이즈 쉬'라고 나누어서 말하지 않고, **'이쉬'**라고 붙여서 자연스럽게 발음합니다. 즉, **'이쉬 터낑 언 더 포온?'**이라고 발음하며, 의문문이므로 문장의 끝 음을 올려주는 것이 자연스럽습니다. 이렇게 하면 발음이 더 부드럽고 원어민스럽게 들립니다.

Are they talking on the phone?

'Are they'는 '알 데이'보다는 빠르게 **'알 데'**로 발음합니다. 'talking on the phone'은 앞에서 이미 드렸던 팁을 그대로 적용하여 전체 문장을 연습해 보면 **'알 데 터낑 언 더 포온?'**으로 원어민에 가까운 발음을 할 수 있습니다.

원어민 발음되기

스피킹 트레이닝 5번 반복 연습

영어 발음 튜닝법을 생각하며 다음의 표시에 따라 연습해 보세요.
( )는 묶어서 한 번에, 굵은 글씨는 문장 강세를 살려주는 부분입니다.

▲ 음원듣기

01. (I'm) (**talking** on the **phone**).

02. (She is) (**talking** on the **phone**).

03. (They are) (**talking** on the **phone**).

04. (I'm **not**) (**talking** on the **phone**).

05. (She's **not**) (**talking** on the **phone**).

06. (They're **not**) (**talking** on the **phone**).

07. (Are you) (**talking** on the **phone**)?

08. (Is she) (**talking** on the **phone**)?

09. (Are they) (**talking** on the **phone**)?

10. **What** (are you) **doing**?

11. I'm (**starting** a new) **project**.

12. (He's **not**) **working** this week. (He's on) **vacation**.

13. (What are) **you reading now**?

14. (We are **moving**) to a (**new house**) **tomorrow**.

15. (She's **learning**) a (**new language**).

16. (They're **not**) **going** to **movies tonight**.

17. (**Why** are you) **not going** to **school** today?

18. (We're **going**) to New **York**.

19. (She's **not**) (**visiting** her) **family** this **weekend**.

20. (I am **definitely not**) **going** to the **party**.

문법 치트키 08

얼마나 자주인지 횟수를 말하는
빈도부사

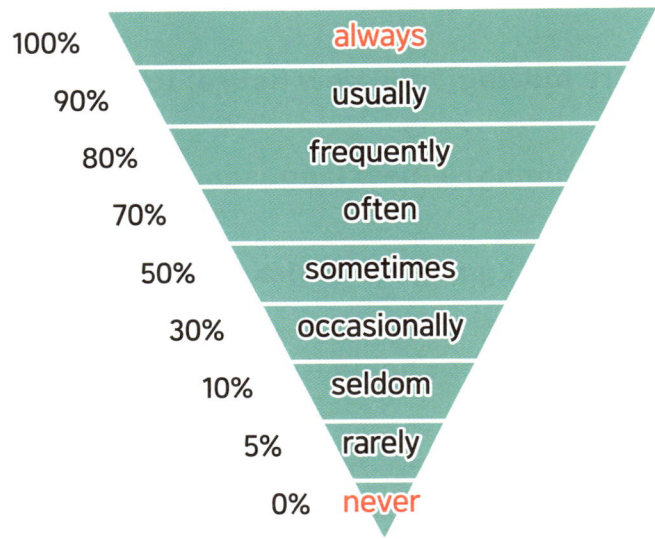

100%	always
90%	usually
80%	frequently
70%	often
50%	sometimes
30%	occasionally
10%	seldom
5%	rarely
0%	never

반복되는 행동의 빈도를 말해주는
문법 치트키

학습 목표

- "항상 영어를 공부해요."처럼 행동의 빈도를 말할 수 있어요.
- "그는 퇴근 후 술을 자주 마셔요."처럼 반복 행동을 말할 수 있어요.
- "휴가 때 주로 뭐 해요?"처럼 자주 하는 일을 물을 수 있어요.

치트키 핵심 한눈에 보기

'항상', '자주', '가끔', '절대 ~하지 않아요'처럼 행동이 얼마나 자주 일어나는지를 표현할 때 쓰는 말이에요. 생활 습관, 일상 루틴까지 자연스럽게 설명할 수 있게 해주는 영어 회화의 실전 치트키입니다. 데니쌤과 함께 치트키의 핵심을 정복해 볼까요?

데니쌤과 함께 학습해 보세요 ▶

데니쌤의 치트키 정리 노트

빈도부사	
형태	never ~ always
용도	빈도 & 횟수 표현
의미	절대 안함 ~ 항상

데니쌤의 치트키 문장 노트

평서문	She is always on time. 그녀는 항상 제시간에 와요.
부정문	She isn't always on time. 그녀는 항상 제시간에 오지 않아요.
의문문	Is she always on time? 그녀는 항상 제시간에 와요?

평서문 말하기

I **always study** English.	저는 항상 영어를 공부해요.
She **is always** on time.	그녀는 항상 제시간에 와요.
He **often drinks** after work.	그는 일과 후 자주 술을 마셔요.

빈도부사는 '항상', '자주', '때때로'처럼 동작이나 상태가 얼마나 자주 발생하는지를 나타내는 부사입니다. 빈도부사는 일반적으로 be동사, 조동사 뒤, 일반동사 앞에 위치합니다. 또한, 빈도부사가 쓰였을 때에도 주어가 3인칭 단수인 경우에는 동사에 '-(e)s'를 붙여야 합니다.

더 알아보기

빈도(%)	빈도부사	의미
100%	always	항상
90%	usually	보통, 대개
80%	frequently	자주
70%	often	종종
50%	sometimes	가끔
30%	occasionally	때때로
10%	seldom	좀처럼 ~않는
5%	rarely	거의 ~않는
0%	never	절대 ~않는

영어 발음 튜닝하기

I always study English.

이번 문장의 발음 팁은 'always'입니다. 흔히 우리가 '올웨이즈'라고 발음하지만, 'always'에서 'l' 소리는 윗니 뒷부분에 닿으면서 나는 소리입니다. 따라서 'always'를 원어민처럼 발음하면 **'어얼웨이즈'**가 됩니다. 따라서 'I always'는 **'아이 어얼웨이즈'**로 연결해서 발음하는 것이 자연스럽습니다.

She is always on time.

'on time'에 대한 스피킹 팁은 무엇이 있을까요? 바로 'on'에 대한 팁입니다. 'always on'을 붙여서 **'얼웨이전'**으로 말해보세요.

He often drinks after work.

많은 분들이 'often'을 '오픈'이라고 발음하는데, 원어민처럼 발음하기 위한 팁을 하나 알려드리겠습니다. 턱을 많이 벌려서 **'어픈'**이라고 발음하는 것이 중요합니다. 또한, 'often' 뒤에 나오는 'drinks'는 '드링크스'가 아니라 **'드링스'**라고 부드럽게 연결해서 발음하면 더욱 세련된 발음이 됩니다. 이렇게 두 단어를 자연스럽게 발음하면 보다 원어민처럼 들릴 수 있습니다.

부정문 말하기

I don't always study English.	저는 영어를 항상 공부하지는 않아요.
She isn't always on time.	그녀는 항상 제시간에 오지 않아요.
He doesn't often drink after work.	그는 일과 후 자주 술을 마시지 않아요.

빈도부사의 부정문은 be동사와 조동사 뒤, 일반동사 앞에 빈도부사를 배치하고 'not'을 추가하여 만듭니다. 예를 들어, 'She isn't always on time.'과 같이 be동사 뒤에 빈도부사를 두거나, 'He doesn't often drink after work.'처럼 조동사 뒤, 일반동사 앞에 부정어 'not'을 위치 시킵니다. 주어가 3인칭 단수일 경우 'doesn't'를 빈도부사 앞에 사용하고, 동사는 원형을 사용해야 한다는 점에 주의해야 합니다.

 더 알아보기

never는 이미 부정의 의미가 있기 때문에, 'not'과 함께 사용하지 않습니다.

- **I never go there. (O) / I don't never go there. (X)**
  나는 절대 그곳에 가지 않아요.

영어 발음 튜닝하기

I don't always study English.

이번 스피킹 팁은 바로 'study' 발음에 대한 것입니다. 우리가 흔히 '스터디'라고 많이 발음하는데, 영어에서는 단어 중간에 'p, t, k' 소리를 된소리, 즉 'ㅃ, ㄸ, ㄲ'로 발음해 주시면 더 자연스럽게 들립니다. 즉, '스터디'가 아니라 **'스떠디'**처럼 발음하는 것이 좋습니다. 'always'와 'study'의 's'는 한 번만 발음합니다. 따라서, 'I don't always study English'는 **'아돈 어얼웨이즈떠디 잉-글리쉬'**로 발음하면 원어민 느낌을 살릴 수 있는 좋은 방법입니다.

She isn't always on time.

'She isn't'는 각 단어가 '쉬 이즌트'로 발음되지만, 문장 안에서는 **'쉬 이즌'**처럼 발음하는 것이 더 자연스럽습니다. 이 발음에 익숙해지면 **'쉬즌'**으로 부드럽게 연결하여 연습해 보는 것이 더욱 원어민스러운 발음이 됩니다. 또한, 스피킹 팁 중 하나인 전치사 붙이기를 이용해서 'always on'도 '어얼웨이즈 언'이 입에 붙으면 **'얼웨이전'**으로 부드럽게 연결시키는 연습이 필요합니다. 이처럼 연음을 활용하여 **'쉬즌 얼웨이전 타임'**으로 발음하는 것을 추천해 드립니다.

He doesn't often drink after work.

'doesn't'는 '더즌트'라고 강하게 발음하기보다는 **'더즌'**처럼 발음하는 것이 더 부드럽고 자연스럽게 들립니다. 이때 'He doesn't often'을 발음할 때는 **'히 더즌 어픈'**으로 자연스럽게 연결할 수 있습니다. 또한, 'drink after'는 '드링크 애프터'라고 하지 않고, **'드링 애프떨'**라고 소리가 연결됩니다. 여기서 마지막에 나오는 'after'의 'ㅌ' 소리는 된소리 'ㄸ'로 발음됩니다.

의문문 말하기

Do you **always** study English**?**	항상 영어 공부하고 있어요?
Is she **always** on time**?**	그녀는 항상 제시간에 오나요?
Does he **often** drink after work**?**	그는 일과 후 자주 술을 마시나요?

빈도부사가 사용된 의문문에서는 조동사(Do/Does)나 be동사를 문장 맨 앞으로 이동시킵니다. 일반동사 의문문에서는 빈도부사가 주어와 동사 사이에 위치합니다. 예를 들어, "Do you always study English?"에서는 always가 주어(you)와 동사(study) 사이에 놓입니다. "Does he often drink after work?"도 같은 구조이며, 주어가 3인칭 단수일 경우 Does를 사용하고, 동사는 원형(drink)을 씁니다.

한편, be동사 의문문에서는 be동사가 문장 맨 앞에 오고, 그 뒤에 주어가 옵니다. 빈도부사는 주어 뒤에 위치합니다. 예를 들어, "Is she always on time?"에서는 always가 주어(she) 뒤에 놓입니다.

더 알아보기

의문사와 빈도부사는 의문사가 문장 앞에, 빈도부사는 주어와 동사 사이에 위치합니다.

- **What** do you **usually** do? 보통 무엇을 하나요?
- **Why** do you **always** hurry? 너는 왜 항상 급해?
- **Who** do you **often** call? 누구한테 자주 전화해?

영어 발음 튜닝하기

Do you always study English?

'Do you'는 원래 **'듀'**로 합쳐서, 'always'의 마지막 's' 소리는 자연스럽게 흘려 보내듯 발음하는 것이 중요합니다. 또한, 'study English'는 '스떠디 잉-글리쉬'라고 발음하지만, 두 단어를 연결하면 **'스떠리 잉-글리쉬'**처럼 자연스럽게 이어집니다. 전체 문장은 **'듀 얼웨이즈 스떠리 잉-글리쉬?'**로 부드럽게 연결하며, 끝 음을 살짝 올려 발음하는 것이 원어민스러운 발음을 연습하는 데 도움이 됩니다.

Is she always on time?

먼저 'Is she'는 '이즈 쉬'라고 끊어서 발음하지 않고, 부드럽게 연결해 **'이쉬'**처럼 발음하는 것이 자연스럽습니다. 'Is'와 'she' 소리가 자연스럽게 이어지면서 하나의 음절처럼 들리게 됩니다. 그다음 'always on'도 연음이 발생합니다. '올웨이즈 언'이라고 각각 발음하는 대신, 'alsways'의 끝 's' 소리와 'on'이 부드럽게 이어져 **'얼웨이전'**처럼 들리도록 발음하면 원어민처럼 자연스럽습니다. 따라서 전체 문장은 **'이쉬 얼웨이전 타임?'**처럼 부드럽게 이어지며, 끝을 살짝 올려 의문문 느낌을 살리는 것이 작은 포인트입니다.

Does he often drink after work?

'work' 발음은 천천히 연습하면 먼저 입술을 동그랗게 모아서 **'워어얼-크'**라고 발음합니다. 이 발음에 익숙해지면 **'워얼크'**라고 부드럽게 발음할 수 있습니다. 전체 문장 'Does he often drink after work?'를 원어민스럽게 발음하면 **'더지 어픈 드링 애프떨 워얼크?'**처럼 자연스럽게 이어서 발음할 수 있게 됩니다.

원어민 발음되기

스피킹 트레이닝 5번 반복 연습 ○○○○○

영어 발음 튜닝법을 생각하며 다음의 표시에 따라 연습해 보세요.
( )는 묶어서 한 번에, 굵은 글씨는 문장 강세를 살려주는 부분입니다.

▲ 음원듣기

01. (I **always study**) **English**.

02. (She is) (**always** on) **time**.

03. (He **often** drinks) after **work**.

04. (I don't) (**always study**) English.

05. (She **isn't**) (**always** on) **time**.

06. (He **doesn't**) **often drink** after work.

07. (Do you) (**always study**) **English**?

08. (Is she) (**always** on) **time**?

09. (Does he) (**often drink**) after **work**?

10. **What** (do you) **usually do**?

11. (He's **always happy**) because he's **positive**.

12. (They **never eat**) **chocolate** because they (**hate it**).

13. (I **usually** drink) **water** every **morning**. **When** (**do you usually**) drink **water**?

14. **What** (do you) **usually do** on **vacation**?

15. (Does he) **often travel**?

16. (They **usually get off**) at 7.

17. (We **often** go to) **America** for **business**.

18. (I **clean** my **house**) **once** a **week**.

19. (They **wash her car**) **10** times a **year**.

20. (My father **washes his car**) **twice** a **week**.

과거의 상태를 말하는
be동사 과거형

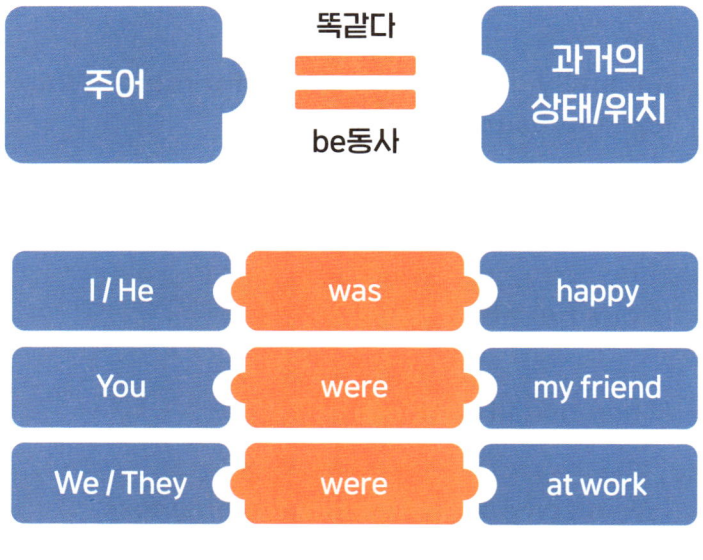

지나간 감정, 상태, 위치를 말해주는
문법 치트키

🎯 학습 목표

- "10년 전엔 학생이었어요."처럼 과거의 신분·상태를 말할 수 있어요.
- "어제 행복했는데 오늘은 슬퍼요."처럼 과거의 감정을 표현할 수 있어요.
- "어제 뉴욕에 있었어요."처럼 과거의 위치나 상황을 설명할 수 있어요.

치트키 핵심 한눈에 보기

'~였어요', '~이었어요'처럼 과거의 상태나 성격, 감정을 표현할 때 쓰는 말이에요. 어릴 적 이야기, 옛날 경험, 지나간 감정이나 특징을 자연스럽게 회상할 수 있게 해주는 영어 회화의 실전 치트키입니다. 데니쌤과 함께 치트키의 핵심을 정복해 볼까요?

데니쌤과 함께 학습해 보세요 ▶

데니쌤의 치트키 정리 노트

be동사 과거형	
형태	❶ am / is → was ❷ are → were
용도	과거의 상태, 위치 표현
의미	~이었다 / ~에 있었다

데니쌤의 치트키 문장 노트

평서문	I was in Busan last week. 저는 지난주에 부산에 있었어요.
부정문	I wasn't in Busan last week. 저는 지난주에 부산에 없었어요.
의문문	Were you in Busan last week? 지난주에 부산에 있었어요?

평서문 말하기

I was in Busan last week.	저는 지난주에 부산에 있었어요.
There were many cars in Seoul.	서울에 차가 많아요.
He was playing soccer yesterday.	그는 어제 축구를 하는 중이었어요.

be동사 과거 시제는 주어의 과거 상태나 위치를 표현합니다. 주어에 따라 'was'와 'were'가 사용되는데, 1인칭 'I', 3인칭 단수 'He, She, It' 주어에는 'was'를, 그리고 2인칭 'You', 복수 'They, We' 주어에는 'were'를 사용합니다.

더 알아보기

주어 종류	be동사
this, that	was
these, those	were

this와 that의 복수형은 각각 these(이것들)와 those(저것들)입니다. 사람이나 사물 등 모든 것을 가리킬 때 사용 가능하며, this/these는 가까운 거리에 있는 사람이나 사물을, that/those는 먼 거리에 있는 사람이나 사물을 가리킬 때 사용합니다.

영어 발음 튜닝하기

I was in Busan last week.

'I was in'은 각각 끊어서 발음하는 대신 **'아 워즈 인'**으로 자연스럽게 연결하여 한 번에 뱉어낼 수 있는 발음입니다. 이때, 끊김 없이 부드럽게 이어지는 것이 중요합니다. 또한, 'last week'는 '라스트 위크'라고 딱딱하게 발음하기보다 **'래-스트 윅'**처럼 부드럽게 연결해서 발음하는 것이 좋습니다. 여기서 't' 소리는 약하게 처리하여 자연스럽게 발음하는 것이 포인트입니다.

There were many cars in Seoul.

'There were'는 '데얼 워'로 각각 끊어서 발음하는 대신 **'데월'**로 자연스럽게 연결하여 발음할 수 있습니다. 뒤에 나오는 'many cars'는 **'매니 카알쓰'**로 발음이 됩니다. 특히, 'cars'에서 'r' 소리는 부드럽게 넘어가고, 's' 소리는 '즈' 소리가 아닌 **'쓰'**에 가까운 소리를 내며 자연스럽게 흘러가듯 발음하는 것이 팁입니다. 전체 문장을 스피킹 팁을 적용해서 발음하면 **'데월 매니 카알씬 서울'** 이렇게 한 호흡으로 한 번에 문장을 발음할 수 있습니다.

He was playing soccer yesterday.

주어진 예문 중 'playing'에서 '-ing'은 문장 속에서 빠르게 발음될 때 '잉' 보다 **'인'**으로 발음됩니다. 'g' 소리가 사라지는 거죠. 전체 문장에서 보면 **'히 워즈 플레인 싸껄 예스떨데이'**처럼 부드럽게 이어지며, 특히, **'예'**에 힘을 줘서 발음하는 것이 자연스럽고 적절합니다.

부정문 말하기

I **wasn't** in Busan last week.	저는 지난주에 부산에 없었어요.
There **weren't** many cars in Seoul.	서울에 차가 그리 많지 않았어요.
He **wasn't** playing soccer yesterday.	그는 어제 축구를 하는 중이 아니었어요.

과거형 부정문은 be동사의 과거형인 'was' 또는 'were'에 not을 붙여 'was not' 또는 'wasn't' 그리고 'were not' 또는 'weren't'의 형태로 만듭니다. 'was'는 1인칭 및 3인칭 단수 주어와 함께, 'were'는 2인칭 및 복수 주어와 함께 사용됩니다. 이를 통해 주어의 과거 상태나 상황이 아니었음을 표현합니다.

 더 알아보기

There **was no water** in the cup. vs. There **wasn't water** in the cup.
'There was no water in the cup.'는 물이 전혀 없었다는 것을 강하게 강조합니다. 반면, 'There wasn't water in the cup.'는 물은 없었지만, 다른 액체가 있을 수도 있다는 뉘앙스를 줄 수 있어, 부정의 강도는 약합니다.

영어 발음 튜닝하기

I wasn't in Busan last week.

'wasn't'는 '워즌트'로 발음이 되지만 앞에 나온 주어와 연결시켜 **'아 워즌'**으로 발음하는 것이 자연스럽습니다. 이때, 't' 소리는 생략해도 됩니다. **'아 워즌 인 부산 래-스트 윅'**으로 전체를 한 호흡으로 끊김없이 발음할 수 있습니다. **'래-스트 윅'**에서도 't' 소리는 거의 발음하지 않고 바로 **'윅'**으로 연결하는 것이 좋습니다.

There weren't many cars in Seoul.

'There weren't'는 **'데얼 워런트'**로 발음이 되지만, 't'는 발음을 끝까지 하는 것이 아니라 't' 발음을 멈춰 '워얼은'처럼 들립니다. 자연스럽게 **'델 워런트'**로 발음해보세요.

He was playing soccer yesterday.

'He wasn't'는 빠르게 발음될 때 't' 소리가 약하게 들리거나 생략되어 **'히 워즌'**처럼 들릴 수 있습니다. 추가로 'yesterday'는 'yes'와 'terday'를 분리하지 않고 하나의 단어처럼 부드럽게 이어서 **'예스떨데이'**로 발음합니다. 'yesterday'의 'y'는 '예'로 발음되는데 힘을 줘서 발음을 합니다. '-ter'은 천천히 나누어서 발음을 하면 '터얼'로 되지만 문장 안에서 빠르게 발음될 때는 **'떨'**로 발음됩니다.

의문문 말하기

Were they in Busan last week**?**	그들은 지난주에 부산에 있었나요?
Were there many cars in Seoul**?**	서울에 차가 많았나요?
Was he playing soccer yesterday**?**	그는 어제 축구를 하는 중이었나요?

be동사의 과거형 의문문은 'was'나 'were'를 사용해 주어의 과거 상태나 존재를 묻습니다. 의문문을 만들 때는 'was' 또는 'were'를 주어 앞으로 이동시킵니다. 'was'는 1인칭 및 3인칭 단수 주어 I, he, she, it과 함께, 'were'는 2인칭 you 및 복수 주어 we, they와 함께 사용됩니다.

더 알아보기

be동사 의문문에 답할 때, 현재 시제에서는 'am/is/are'를, 과거 시제에서는 'was/were'를 사용합니다. 긍정 답변은 'Yes, + 주어 + be동사', 부정 답변은 'No, + 주어 + be동사 + not' 형식으로 답합니다.

- **Are** you busy?   Yes, I **am**. / No, I**'m not**.
  바빠요?   네, 저 바빠요. / 아니요, 바쁘지 않아요.
- **Were** they at the party?   Yes, they **were**. / No, they **weren't**.
  그들은 파티에 있었나요?   네, 그들은 파티에 있었어요. / 아니요, 그들은 파티에 없었어요.

영어 발음 튜닝하기

Were they in Busan last week?

'Were they in'은 각각 단어는 **'월 데이 인'**으로 발음되지만 하나의 소리처럼 붙여서 발음할 수 있는데, 스피킹 팁 중에 전치사 붙이기를 활용해서 **'월데인'**으로 붙여 발음하는 것이 자연스럽습니다. 따라서 전체 문장에 팁을 적용해 보면, **'월데인 부산 래-스트 윅?'**이라고 발음하는 것이 자연스럽습니다.

Were there many cars in Seoul?

앞에서 'There were' 발음 팁을 말씀드렸는데, 그렇다면 'Were there'의 발음 팁은 어떻게 될까요? 바로, **'월델'**이라고 한 덩어리처럼 붙여서 발음하는 것이 핵심입니다. 전체 문장에 발음 팁을 적용해서 발음해 보면, **'월델 매니 카알씬 서울?'**로 완성할 수 있습니다.

Was he playing soccer yesterday?

'Was he'는 '워즈 히'로 두 단어를 나누어서 소리내는 것이 아니라 **'워지'**로 빠르게 발음할 수 있습니다. **'워지 플레잉 싸껄 예스떨데이?'**로 발음하는 것이 자연스럽습니다. 위의 세 예문 모두 의문문이기 때문에 끝 음을 올리는 것이 조금 더 자연스럽습니다.

원어민 발음되기

스피킹 트레이닝 5번 반복 연습 ○○○○○

영어 발음 튜닝법을 생각하며 다음의 표시에 따라 연습해 보세요.
( )는 묶어서 한 번에, 굵은 글씨는 문장 강세를 살려주는 부분입니다.

▲음원듣기

01. (I was) (**talking** on the **phone**).

02. (There **were**) **many cars** in **Seoul**.

03. (He was **playing**) soccer **yesterday**.

04. (I **wasn't** in) Busan **last week**.

05. (There **weren't**) **many cars** in **Seoul**.

06. (He **wasn't**) **playing** soccer **yesterday**.

07. (Were they in) Busan **last week**?

08. (Were there **many cars**) in **Seoul**?

09. (Was he **playing**) soccer **yesterday**?

10. (There was **no**) **water** in the **cup**.

11. (I was a **student**) 10 **years ago** but **not now**.

12. (She was **happy**) **yesterday** but she's **sad today** because it's **Monday today**.

13. (I was in) **New York yesterday** for **business**.

14. (There was an) **earthquake** in **Japan yesterday**.

15. (**Why** were you) at **Jack's house yesterday**? Because (there was a) **party** at **Jack's house**.

16. (In **2002**) (there were) **six rooms** in **my house**. But **three now**.

17. (**What** were **you doing**) at **3 yesterday**?

18. (**Why** were you **working**) **yesterday**? It was **Sunday yesterday**.

19. (**Why** were they **going**) to **Jeju yesterday**?

20. (**Where** were they) **yesterday**? It was **a day off**.

과거의 움직임을 말하는
일반동사 과거형

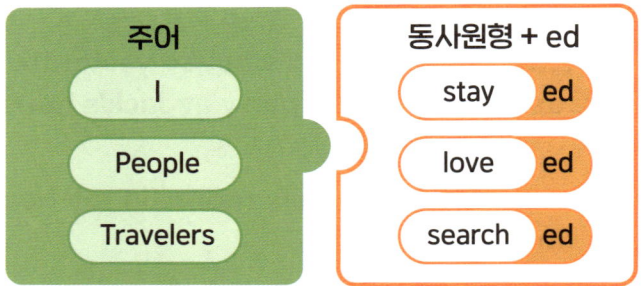

<mark>과거에 했던 동작이나 행동을 말해주는</mark>
문법 치트키

🎯 학습 목표

- "어제 저녁에 소고기 먹었어요."처럼 과거의 일을 말할 수 있어요.
- "그는 지난주에 친구들이랑 축구했어요."처럼 과거의 행동을 말할 수 있어요.
- "그녀는 어제 어디 갔어요?"처럼 상대의 과거 행동을 물을 수 있어요.

🔑 치트키 핵심 한눈에 보기

'~했어요', '~했었다'처럼 과거에 했던 행동이나 경험을 표현할 때 쓰는 말이에요. 구체적인 사건, 특별한 경험, 지나간 일들을 생생하게 말할 수 있게 해주는 영어 회화의 실전 치트키입니다. 데니쌤과 함께 치트키의 핵심을 정복 해볼까요?

데니쌤과 함께 학습해 보세요 ▶

📙 데니쌤의 치트키 정리 노트

일반동사 과거형	
형태	동사원형 + ed
용도	과거의 움직임 표현
의미	~ 했다, ~ 했었다

📗 데니쌤의 치트키 문장 노트

평서문	She fought her brother the day before yesterday. 그녀는 그저께 그녀의 오빠와 싸웠어요.
부정문	She didn't fight her brother the day before yesterday. 그녀는 그저께 그녀의 오빠와 싸우지 않았어요.
의문문	Did she fight her brother the day before yesterday? 그녀는 그저께 그녀의 오빠와 싸웠나요?

평서문 말하기

She **fought** her brother the day before yesterday.	그녀는 그저께 그녀의 오빠와 싸웠어요.
I **walked** to the park yesterday.	저는 어제 공원까지 걸어갔어요.
We **ate** dinner at 7 p.m.	우리는 저녁 7시에 저녁을 먹었어요.

일반동사의 과거형은 규칙 변화와 불규칙 변화로 구분됩니다. 규칙 변화는 동사 끝에 '-ed'를 붙여 만들며, 예를 들어 'walk'는 'walked'가 됩니다. 반면, 불규칙 동사는 정해진 규칙 없이 동사마다 형태가 다르기 때문에 나올 때마다 외워야 합니다.

더 알아보기

불규칙 동사는 A-A-A, A-B-B, A-B-C 형태로 구분할 수 있습니다. 아래 표는 각 형태의 대표적인 동사들의 예시를 정리한 것입니다.

형태	예시
A-A-A	cut - cut - cut / hit - hit - hit
A-B-B	buy - bought - bought / teach - taught - taught
A-B-C	go - went - gone / see - saw - seen

영어 발음 튜닝하기

She fought her brother the day before yesterday.

주어진 예문에서 'fought her'는 '포우투 허'로 발음되지 않습니다. 먼저, 'fought'는 '포우트'가 아닌 **'파우트'**에 더 가까운 소리입니다. **'파우트 헐'**로 발음되지만, 두 단어를 자연스럽게 연결하면 'her'의 'h' 소리가 약해져서 **'파우럴'**처럼 발음됩니다.

I walked to the park yesterday.

이번 예문에서는 한국인이 많이 틀리는 발음 'walk'에 대한 팁을 드려보겠습니다. 'walk'는 보통 '월-ㅋ'로 발음하면 상대방은 'work'로 생각합니다. 'walk'에서 'l' 소리는 묵음입니다. 입을 앞으로 쭉 내밀고 **'워-크'**로 발음하는 것이 정확한 발음입니다. **'아이 워-크 투'**가 되지만 이 부분을 조금 빠르게 하면 **'아이 웤-투'**로 자연스럽게 연결할 수 있습니다.

We ate dinner at 7 p.m.

'dinner at'을 개별 단어로 발음하면 **'디너 애트'**가 되지만, 두 단어를 한 소리처럼 붙여서 발음하면 **'디너랫'**처럼 들립니다. 이는 'dinner'에 'r' 소리가 'at'의 소리와 연음이 되면서 **'디너랫'**으로 들리게 됩니다. 전체 문장을 **'위 에잇 디너랫'**처럼 부드럽게 이어서 발음하면 더 자연스럽게 들립니다.

부정문 말하기

They **didn't go** to America yesterday.	그들은 어제 미국에 가지 않았어요.
I **didn't walk** to the park yesterday.	저는 어제 공원까지 걸어가지 않았어요.
We **didn't eat** dinner at 7 p.m.	우리는 저녁 7시에 저녁을 먹지 않았어요.

일반동사 과거형 부정문은 'did not(= didn't)'를 사용해 만듭니다. 조동사 'did'를 사용하면 그 뒤에는 '동사원형'이 와야 합니다. 예를 들어, 'I walked'를 부정문으로 표현하면 'I did not walk' 또는 'I didn't walk'가 됩니다. 주어 인칭, 단·복수에 관계없이 'didn't + 동사원형' 구조로 과거의 동작이 일어나지 않았음을 표현할 수 있습니다.

 더 알아보기

'자음 + -y'로 끝나는 동사들의 과거형 변화 규칙

'자음 + -y'로 끝나는 동사 과거형을 만들 때, '-y'를 '-i'로 바꾸고 '-ed'를 붙여 표현합니다. 대표적인 동사로 'carry'와 'study'가 있습니다.

- carry → carr**ied**
- study → stud**ied**
- cry → cr**ied**

영어 발음 튜닝하기

They didn't go to America yesterday.

'They didn't'는 빠르게 발음하면 '**디든**'처럼 들리며, 't' 소리가 약해져 거의 들리지 않습니다. 'go to'는 '고우 투'가 아닌 '**고루**'처럼 자연스럽게 연결되어 발음됩니다. 'They didn't go to'를 한 번에 한 소리처럼 연결하면, '**데이 디든 고루**'가 됩니다.

I didn't walk to the park yesterday.

'didn't'는 빠르게 발음하면 't' 소리가 약해져, '**디든**'처럼 들립니다. 'I didn't walk to'를 자연스럽게 연결하면 '**아이 디든 웤-투**'로 이어지고 뒤에 나오는 'the'는 거의 들리지 않고, 'park'로 바로 연결되는 것처럼 들립니다. 'park'는 '팔ㅋ'로 발음이 됩니다. 때로는 '펄ㅋ'처럼 들리기도 하는데, 'park'에 입모양이 '파'와 '퍼' 사이에서 발음되기 때문에 그렇게 들립니다. 'yesterday'는 부드럽게 '**예스떨데이**'로 이어지며, 전체적으로 '**아이 디든 웤-투 더 팔ㅋ 예스떨데이**'처럼 발음하는 것이 자연스럽습니다.

We didn't eat dinner at 7 p.m.

'We didn't'는 빠르게 발음하면 '**위 디든**'처럼 't' 소리가 약하게 들립니다. 'eat dinner'는 부드럽게 연결되어 '이트 디너'보다는 '**잇 디너**'처럼 발음됩니다. 'dinner at'은 '디너 애트' 대신 '**디너랫**'으로 이어서 발음하는 것이 좋습니다. 전체 문장을 자연스럽게 발음해 보면 '**위 디든 잇 디너랫 세븐 피엠**'처럼 들리는 걸 확인할 수 있습니다.

의문문 말하기

Did she **fight** her brother the day before yesterday**?**	그녀는 그저께 그녀의 오빠와 싸웠나요?
Did you **walk** to the park yesterday**?**	어제 공원까지 걸어 갔었나요?
Did they **eat** dinner at 7 p.m**?**	그들은 저녁 7시에 저녁을 먹었어요?

일반동사 과거형 의문문은 'Did'로 시작하고, 그 뒤에 주어와 동사원형이 옵니다. 예를 들어, 'Did she fight her brother the day before yesterday?'에서 'fight'는 원형으로 사용됩니다. 주어와 관계없이 'Did + 주어 + 동사원형'의 구조를 통해 과거의 동작이나 상태를 질문할 수 있습니다.

더 알아보기

일반동사 과거형 의문문에서는 'Yes/No'로 간단하게 답할 수 있으며, 'Yes, + 주어 + did' 또는 'No, + 주어 + didn't'의 형태로 대답합니다. 또한, 의문사가 있을 때는 의문사 뒤에 did를 배치하고, 그 뒤에 주어 + 동사원형을 사용합니다.

- Did you walk to the park? 공원까지 걸었어요?
  Yes, I **did**. / No, I **didn't**. 네, 걸었어요. / 아니요, 걸어가지 않았어요.
- Where did she go yesterday? 어제 그녀는 어디에 갔었나요?
  She **went** to the store. 그녀는 가게에 갔었어요.

영어 발음 튜닝하기

Did she fight her brother the day before yesterday?

'fight'는 원래 **'파이트'**로 발음되지만, 뒤에 'her'가 올 때 두 단어가 빠르게 연결되면 'h' 소리가 약해지고, 'fight'의 't' 소리와 'her'의 'er' 소리가 연음되어 **'파이럴'**처럼 들립니다. 이렇게 두 단어가 자연스럽게 하나의 소리로 이어지면 원어민 발음에 가깝게 됩니다.

Did you walk to the park yesterday?

'Did you'는 소리 하나하나는 **'디드 유'**이지만 빠르게 발음하면 **'디쥬'**처럼 연결됩니다. 전체 문장을 스피킹 팁을 적용하여 발음해 보면 **'디쥬 웍-투 (더) 팔ㅋ 예스떨데이?'**로 끝 음을 올리며 부드럽게 이어서 발음하는 것이 좋습니다. 이때, 'the'는 소리가 아주 약해지기 때문에 거의 발음되지 않은 것처럼 들릴 수 있습니다.

Did they eat dinner at 7 p.m?

'Did they'는 빠르게 한 번에 묶어서 발음하면 '디드 데이'대신 **'디데이'**처럼 들립니다. 또한, 'eat dinner'는 **'잇 디널'**로 연결이 되면서 동시에 'at'과도 연음으로 처리할 수 있습니다. 그렇게 되면, **'디데이 잇 디너랫 세븐 피엠?'**으로 자연스럽게 한 호흡으로 한 문장을 말할 수 있습니다.

원어민 발음되기

스피킹 트레이닝 5번 반복 연습 ○○○○○

영어 발음 튜닝법을 생각하며 다음의 표시에 따라 연습해 보세요.
( )는 묶어서 한 번에, 굵은 글씨는 문장 강세를 살려주는 부분입니다.

▲음원듣기

01. (She **fought** her **brother**) the **day before yesterday**.

02. (I **walked** to the **park**) **yesterday**.

03. (We **ate**) (**dinner** at) **7 p.m**.

04. (They **didn't**) (**go** to) **America yesterday**.

05. (I **didn't**) (**walk** to the **park**) **yesterday**.

06. (We **didn't**) eat (**dinner** at) **7 p.m**.

07. (Did she) (**fight** her **brother**) the **day before yesterday**?

08. (Did you) (**walk** to the **park**) **yesterday**?

09. (Did they) **eat** (**dinner** at) **7 p.m**?

10. **Where** (did she go) **yesterday**?

11. (**Why** did they) (go to) **America yesterday**?
I can't work alone today.

12. (He **didn't**) (**go** to) **school last week**.

13. (My family **enjoyed**) **rafting yesterday**.

14. (We had **beef**) for **dinner yesterday**.

15. (**I didn't take**) **medicine yesterday**.

16. (Did she **take**) **medicine yesterday**?

17. (Did we **have**) **coffee together two weeks ago**?

18. (We **moved** to) a (**new house**) **last year**.

19. (He **played soccer**) (with his **friends**) **yesterday**.

20. (She **read** a **book**) **last weekend**.

문법 치트키 11

수와 양을 나타내는
수량형용사

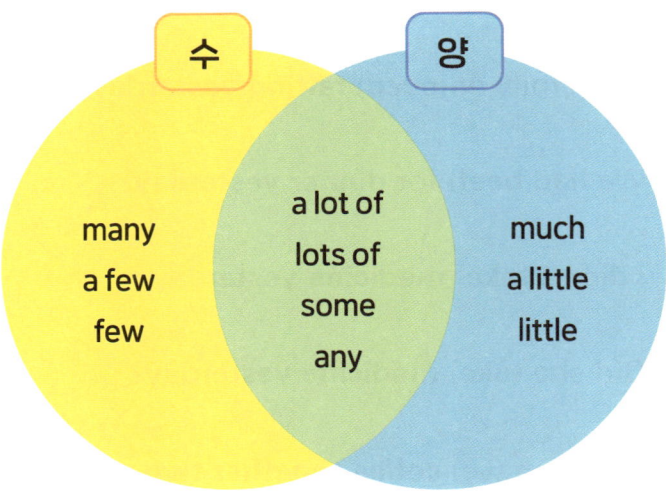

몇 개? 얼마나?를 말해주는
문법 치트키

🎯 학습 목표

- "저는 친구가 많아요."처럼 사람이나 물건의 수를 말할 수 있어요.
- "컵에 물이 조금 있어요."처럼 양을 구체적으로 표현할 수 있어요.
- "그들의 병에 물이 얼마나 있어요?"처럼 수나 양을 물어볼 수 있어요.

치트키 핵심 한눈에 보기

'몇 개가 있는지', '얼마나 있는지'처럼 사물이나 사람의 수량을 표현할 때 쓰는 말이에요. 익숙한 문법을 넘어 표현을 넓혀주는 문법으로, 특히 a few / few, a little / little처럼 뉘앙스 차이를 알면 회화가 훨씬 풍부해지는 실전 치트키입니다. 데니쌤과 함께 치트키의 핵심을 정복해 볼까요?

데니쌤과 함께 학습해 보세요 ▶

데니쌤의 치트키 정리 노트

	수량형용사
형태	a lot of, lots of, many, much, a few, few, a little, little, etc.
용도	명사의 수와 양 표현
의미	수(몇 개), 양(얼마나)

데니쌤의 치트키 문장 노트

평서문	I have a few friends. 저 친구 몇 명 있어요.
부정문	I have few friends. 저는 친구가 거의 없어요.
의문문	Do you have any friends? 친구 좀 있어요?

평서문 말하기

I have **many** friends.	저는 친구가 많아요.
I have **a lot of** information.	저는 많은 정보를 가지고 있어요.
There is **a little** water in the cup.	컵에 물이 조금 있어요.

수량형용사는 명사의 양이나 수를 나타내며, 셀 수 있는 명사와 셀 수 없는 명사에 따라 다르게 사용됩니다. 'many'는 셀 수 있는 명사에 쓰이며, 'a lot of'는 셀 수 있는 명사, 셀 수 없는 명사 둘 다 사용할 수 있습니다. 'a little'은 셀 수 없는 명사와 함께 적은 양을 나타냅니다. 이 외에도 'much, few, a few, little' 같은 것들도 있습니다.

더 알아보기

	셀 수 있는 명사	셀 수 없는 명사
많은	many	much
	a lot of	
조금 있는	a few	a little
거의 없는	few	little

영어 발음 튜닝하기

I have many friends.

'I have'는 우선 **'아이 해브'**로 발음해도 괜찮지만, 빠르게 연결할 때는 **'아햅'** 으로 연결이 됩니다. 그 뒤에 나오는 'many'는 정확하게 **'매니'**라고 발음을 하면서 'friends'로 연결이 되는데, 이때 **'프렌즈'**에서 '-rien'에 해당하는 **'렌'** 을 조금 강하게 발음하면 자연스럽게 원어민 같은 발음으로 문장을 말할 수 있습니다.

I have a lot of information.

'a lot of'는 천천히 발음하면 '어 랏 어브'로 들리지만 빠르게 연결이 되면 **'얼랏러'**처럼 들립니다. '정보'라는 단어 'information'은 '인포메이션'이라고 발음하는 것이 아니라 **'메'**에 힘을 주어 '인퍼메이션'이라고 해야 합니다. '-tion' 발음을 할 때, 입술을 살짝 앞으로 해서 '쉬'에서 시작해 '션'으로 입모양을 바꾸어 발음합니다. **'아햅 얼랏러 인퍼메이션'**이라고 부드럽게 전체 문장이 한 호흡, 한 소리로 연결되어 집니다.

There is a little water in the cup.

'There is'는 **'데얼 이즈'**라고 해도 괜찮지만, 일상에서 빨리 말할 때는 **'데얼즈'**라고 자연스럽게 연음이 되어 발음됩니다. 우리가 흔히 말하는 'a little'은 '어 리틀'로 각각 발음할 수 있지만 문장 안에서 'a' 소리는 거의 들리지 않고 '리틀'이 아닌 **'리를'**처럼 발음됩니다. 따라서 전체 문장은 **'데얼즈 (어)리를 워럴 인 더 컵'** 이렇게 부드럽게 발음이 되는 것입니다.

부정문 말하기

I don't have much money.	저는 돈이 많지 않아요.
I don't have many friends.	저는 친구가 많이 없어요.
There isn't much water left.	남은 물이 많지 않아요.

수량형용사 부정문은 'many'와 'much'가 주로 사용됩니다. 'many'는 셀 수 있는 명사와 함께 사용되며, 'much'는 셀 수 없는 명사와 함께 쓰입니다. 부정문에서는 'not'이 들어간 형태로, '많지 않다'는 의미를 전달합니다.

 더 알아보기

few vs. **little**

'few'와 'little'은 부정의 의미를 가지고 있습니다. 각각 셀 수 있는 명사와 셀 수 없는 명사와 짝을 이루며 사용됩니다. 'few'는 거의 없는 수량을, 'little'은 거의 없는 양을 나타냅니다. 이들은 부족함을 표현하지만, 문장의 구조는 평서문 형태를 유지합니다.

- I have **few** friends. 저는 친구가 거의 없어요.
- There is **little** water in the cup. 컵에 물이 거의 없어요.

영어 발음 튜닝하기

I don't have much money.

'I don't have much money'는 한 호흡으로 연결해서 말할 수 있습니다. 여기서, 'don't'는 '돈트'가 아니라 '돈'으로, 'have'는 '해브'가 아니라 '햅'으로 발음하면 더 부드럽고 자연스럽습니다. 또한 'don't'는 언제나 강조합니다. 전체 문장을 빠르게 말하면 '아 돈 햅 마취 머니'처럼 원어민스럽게 발음할 수 있습니다.

I don't have many friends.

'아이 돈 해브 매니 프렌즈'라고 천천히 말해도 많은 사람들은 이해합니다. 하지만 일상생활에서 우리는 이렇게 천천히 말하는 것보다 더 빠르게 말하는 경우가 많습니다. 바로 이렇게요. '아 돈 햅 매니 프렌즈'라고 빠르게 말할 수 있습니다. 우리가 이렇게 말할 수 있어야 원어민들이 이렇게 말할 때 정확히 들을 수 있기 때문에 많은 연습이 필요합니다.

There isn't much water left.

'There isn't much water left'는 빠르게 발음하면 자연스럽게 연음이 되어 소리가 들리는데, 'There isn't는 빠르게 말하면 '델이즌'로 자연스럽게 소리가 붙고, 전체 문장은 '델이즌 마취 워럴 레프트'처럼 들립니다. 이때 'isn't, much, left'에 약간의 강세를 주어 발음하면 '남아 있는 물이 많이 없다'를 조금 더 명확하게 전달 할 수 있습니다. 이렇게 속도와 강세를 가지고 발음하면 더 세련된 원어민스러운 발음을 가질 수 있습니다.

의문문 말하기

Do you have **a lot of** cars?	차를 많이 가지고 있어요?
Do you have **a lot of** information?	정보를 많이 가지고 있나요?
Is there **much** water left?	남은 물이 많나요?

수량형용사 의문문은 'a lot of, much, many' 등을 사용해 수량이나 양을 묻습니다. 'a lot of'는 셀 수 있는 명사와 셀 수 없는 명사 모두에 사용되어, 많은 수나 양을 질문할 때 쓰입니다. 'much'는 셀 수 없는 명사와 함께 사용되어 양을 묻고, 'many'는 셀 수 있는 명사와 함께 수를 묻습니다.

더 알아보기

'How many + 셀 수 있는 명사'와 'How much + 셀 수 없는 명사'는 수나 양을 묻는 의문사 의문문입니다. 이때는 Yes / No로 대답할 수 없으며, 구체적인 수량으로 답해야 합니다.

- **How many cookies** do we have? 우리는 쿠키를 얼마나 가지고 있지?
  We have **a few**. 몇 개 있어.
- **How much** milk is left? 우유가 얼마나 남았지?
  Just **a little**. 조금밖에 안 남았어.

영어 발음 튜닝하기

Do you have a lot of cars?

'Do you'는 빠르게 **'듀'** 처럼 들리고, 'a lot of'는 **'얼랏러'**로 자연스럽게 이어집니다. 'cars'는 또한 명확하게 **'카알쓰'**로 발음됩니다. 전체 문장을 한 호흡으로 이어보면, **'듀 햅 얼랏러 카알쓰?'**로 자연스럽게 발음할 수 있습니다. 문장 안에서 'Do, lot, cars'에 조금 더 힘을 주어 말하면 더 자연스럽고 원어민스러운 발음이 됩니다.

Do you have a lot of information?

'information'이라는 단어는 흔히 '인포메이션'이라고 발음하지만, '-tion' 부분을 정확하게 발음하려면 입술을 앞으로 내밀고 **'션'**이라고 발음하는 것이 좋습니다. 또한, '메'에 강세를 주어 조금 더 힘 있게 발음하는 것이 좋습니다. 스피킹 팁을 적용하여 문장을 읽으면 **'듀 햅 얼랏러 인퍼메이션?'**으로 부드럽게 연결되어 자연스럽게 발음할 수 있습니다.

Is there much water left?

'Is there'는 '이즈 데어'보다는 빠르게 **'이즈데어'**처럼 붙여 발음하는 것이 자연스럽습니다. 그 뒤에 오는 'much water'는 **'마취 워럴'**로 연결해서 빠르고 쉽게 발음할 수 있습니다. 'left'의 경우, 단어 첫소리에 'l'이 나올 때는 **'(을)레프트'**로 연습하면서 혀의 위치를 잡는 것이 원어민 발음 연습에 도움이 됩니다. 익숙해지면 당연히 '을' 소리는 자연스럽게 사라지게 되는 것이지요. 전체 문장을 적용하면 **'이즈데어 마취 워럴 (을)레프트?'**로 자연스럽게 연결되고, 살짝 올려주면 더욱 원어민스러운 발음이 됩니다.

원어민 발음되기

스피킹 트레이닝 5번 반복 연습 ○○○○○

영어 발음 튜닝법을 생각하며 다음의 표시에 따라 연습해 보세요.
( )는 묶어서 한 번에, 굵은 글씨는 문장 강세를 살려주는 부분입니다.

▲ 음원듣기

01. (I have) **many friends**.

02. (I have a) **lot** of **information**.

03. (There is **a) little water** in the **cup**.

04. (I **don't** have) **much money**.

05. (I **don't** have) **many friends**.

06. (There **isn't**) **much** water **left**.

07. (Do you have **a lot** of) **cars**?

08. (Do you have **a lot** of) **information**?

09. (Is there) (**much water left**)?

10. (Do we have) **enough chairs** for **everyone**?

11. (There are a **lot of**) **things** to **eat** (in their **house**).

12. (He has **a little money**), but I have **little money**.

13. (**How much water**) (is there) (in their **bottle**)?

14. (There are) **few people** (in **our house**).

15. (I have **many books**). I (have a **lot of**) **books**.

16. (She **doesn't have**) much time. She has **little time**.

17. (She has a **few**) **friends**.

18. (She has **some**) **friends**.

19. (We need a) **little help**.

20. (We need some) **help**.

미래를 말하는
조동사 will

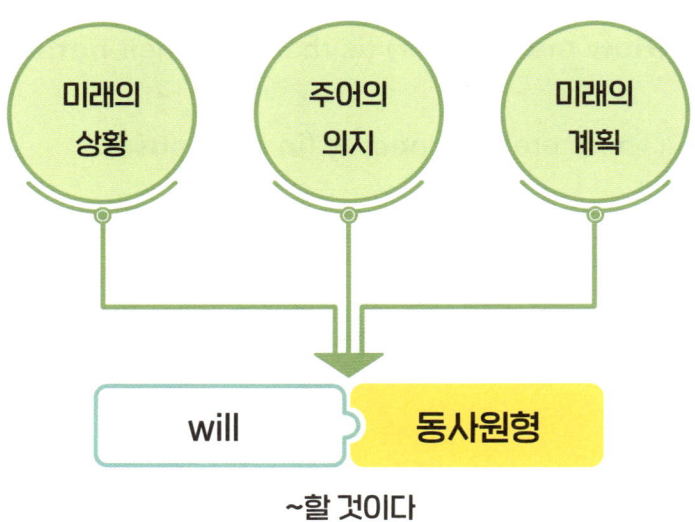

🎯 학습 목표

- "우리는 아마 집에 있을 거예요."처럼 미래의 상황을 말할 수 있어요.
- "우리는 곧 새 프로젝트를 시작할 거예요."처럼 주어의 의지를 표현할 수 있어요.
- "회의에 참석할 거예요?"처럼 상대의 미래 계획을 물을 수 있어요.

치트키 핵심 한눈에 보기

'~할 거예요', '~할 예정이에요'처럼 미래의 행동이나 계획을 표현할 때 쓰는 말이에요. 다짐, 목표, 확신 있는 계획을 자연스럽게 말할 수 있게 해주는 영어 회화의 실전 치트키입니다. 데니쌤과 함께 치트키의 핵심을 정복해 볼까요?

데니쌤과 함께 학습해 보세요 ▶

데니쌤의 치트키 정리 노트

조동사 will	
형태	will + 동사원형
용도	미래 · 계획 · 의지 표현
의미	~할 것이다, ~하겠다

데니쌤의 치트키 문장 노트

평서문	We will be at home. 우리는 집에 있을 거예요.
부정문	We won't be at home. 우리는 집에 없을 거예요.
의문문	Where will you be? 어디에 있을 거예요?

평서문 말하기

She will go to America to study English.	그녀는 영어를 공부하기 위해 미국에 갈 예정이에요.
They will leave the house at 7 a.m.	그들은 아침 7시에 떠날 거예요.
We will probably **be** at home.	우리는 아마 집에 있을 거예요.

'will'은 주로 미래의 예측이나 주어의 의지를 나타내는 조동사로, '~할 것이다' 또는 '~하려고 한다'로 해석됩니다. 문장 구조는 'will + 동사원형'의 형태를 취하며, 조동사이기 때문에 주어의 인칭이나 수에 영향을 받지 않습니다.

 더 알아보기

현재진행형 미래는 이미 확정된 계획, 구체적인 일정을 표현할 때 사용되고 'will'은 즉흥적인 결정을 표현하거나, 아직 확정되지 않은 상황에 주로 사용됩니다.

- **I'm meeting** my friend at 3 p.m. **tomorrow**.
  내일 오후 3시에 친구를 만날 예정이에요. ➡ 이미 확정된 일정
- **I'll travel** to Europe with nothing but a backpack.
  배낭 하나만 가지고 유럽 여행 갈 거예요. ➡ 아직 확정되지 않은 계획/결정

영어 발음 튜닝하기

She will go to America to study English.

'She will'은 '쉬 윌' 보다는 **'쉴'**이라고 발음하는 것이 더 좋습니다. 전체 문장은 **'쉴 고루 어메리까 투 스떠디 잉-글리쉬'**로 연결되며, **'어메리까'**에서 **'어'**는 거의 소리가 들리지 않기 때문에 '메'에 강세를 주어 **'쉴 고루 메리까 투 스떠디 잉-글리쉬'**라고 발음하는 것이 자연스럽고 원어민스럽습니다.

They will leave the house at 7 a.m.

'They will'은 '데이 윌'하셔도 되지만, 딱딱하게 들립니다. 두 소리를 하나로 연결해서 **'데일'**처럼 발음하는 것이 더 부드럽습니다. 전체 문장을 한 호흡으로 자연스럽게 연결하면, **'데일 리브더 하우셋 세븐 에이엠'**처럼 발음됩니다.

We will probably be at home.

'We will'은 '윌'보다는 **'위일'**처럼 부드럽게 발음하는 것이 더 자연스럽습니다. 새롭게 등장하는 스피킹 팁은 'probably'인데, 정확한 발음은 **'프라버블리'**지만, 일상 대화에서는 많은 원어민이 **'프라블리'**처럼 발음합니다. 따라서 전체 문장은 **'위일 프라블리 비엣 홈'**으로 자연스럽게 발음하면 원어민 느낌이 납니다.

부정문 말하기

I **will not[= won't] go** to America to study English.	저는 영어 배우러 미국에 안 갈 거예요.
They **won't leave** the house at 7 a.m.	그들은 아침 7시에 집에서 안 나갈 거예요.
We **won't** probably **be** at home.	우리는 아마 집에 있지 않을 거예요.

'will'의 부정문은 'will not' 또는 'won't'로 표현하며, 미래에 어떤 일이 일어나지 않을 것이거나 의지가 없음을 나타냅니다. 구조는 '주어 + will not [= won't] + 동사원형'이며, 'will not'은 'won't'로 줄여 사용할 수 있습니다.

더 알아보기

'will not(won't)'은 단순한 미래 부정뿐 아니라, 공손하게 거절하거나 정중히 의사를 표현할 때도 자주 사용됩니다. 특히, 상대방에게 부담을 주지 않으면서 부드럽게 거절할 때 유용합니다.

- I'm sorry, but I **won't** be able to attend the meeting.
  죄송하지만 회의에 참석할 수 없을 것 같아요.
- I'd love to join, but I **won't** have time this weekend.
  정말 가고 싶지만 이번 주말엔 시간이 안 될 것 같아요.

영어 발음 튜닝하기

I will not[= won't] go to America to study English.

'I will not'은 두 가지 방식으로 발음할 수 있습니다. 첫 번째는 'I will'을 축약하여 **'아일'**로 발음하여, **'아일 낫 고루'**처럼 자연스럽게 연결하는 방식입니다. 두 번째는 'will not'을 묶어서 축약한 'won't'으로 발음하는 방법입니다. 전체 문장을 연결하면 **'아이 워운ㅌ 고루 메리까 투 스떠디 잉-글리쉬'**처럼 발음하는 것이 원어민스러운 발음입니다.

They won't leave the house at 7 a.m.

'They won't'는 자연스럽게 발음하면 **'데이 워운ㅌ'**처럼 발음됩니다. 뒤에 나오는 발음들은 이전에도 연습했기에 바로 전체 문장에 적용하면, **'데이 워운ㅌ 리브더 하우셋 세븐 에이엠'**으로 부드럽게 이어집니다.

We won't probably be at home.

'We won't'는 **'위 워운ㅌ'**로 발음하며, 끝 발음은 숨을 참는 듯한 느낌으로 끊어주어야 합니다. **'위 워운ㅌ 프라블리 비앳 홈'**처럼 발음하면 부드럽고 자연스러운 원어민 발음이 됩니다.

의문문 말하기

What will you do to get a new job?	새 직장을 구하기 위해서 뭐 하실 거예요?
When will they leave the house?	그들은 언제 떠날 예정인가요?
Where will you be?	어디에 있을 예정인가요?

'will' 의문문은 미래에 일어날 일이나 상대방의 의지에 대해 묻는 질문을 할 때 사용됩니다. 구조는 'Will + 주어 + 동사원형?'의 형태로, 미래의 행동, 계획, 의지 등을 물을 수 있습니다. 대답은 'Yes, + 주어 + will.' 또는 'No, + 주어 + won't.'의 형식으로 할 수 있습니다.

더 알아보기

will 의문문은 공손한 요청을 할 때 자주 사용되며, 상대방에게 부담을 주지 않으면서 부탁을 전달하는 효과적인 방법입니다. 이 방식은 요청을 부드럽게 전달할 수 있어 일상 회화에서 많이 사용됩니다.

- **Will** you **pass** me the salt? 소금 좀 건네줄래요?
- **Will** you **open** the window, please? 창문 좀 열어주시겠어요?

영어 발음 튜닝하기

What will you do to get a new job?

'will you'는 '**윌 유**'로 발음합니다. 의문사가 앞에 붙으면 'What will you'는 '**왓 윌유**'처럼 들립니다. 'do to get a new job'은 '**두투 게러 뉴 잡**'으로 발음되며, 전체 문장을 한 호흡으로 '**왓 윌유 두투 게러 뉴 잡?**'처럼 부드럽게 발음하면 원어민스러운 느낌을 낼 수 있습니다.

When will they leave the house?

'When will they'는 빠르게 발음하면 '웬 윌 데이'보다는 '**웬윌데이**'처럼 한 소리로 부드럽게 연결되면서 '데' 소리는 잘 들리지 않게 됩니다. 'leave the house'는 '**리브 더 하우스**' 대신 '**리브더 하우스**'로 '**더**'는 자연스럽게 발음이 거의 들리지 않고 다음 단어로 연결됩니다. 따라서 전체 문장은 '**웬윌(데)이 리브(더) 하우스?**'처럼 부드럽고 자연스럽게 발음하는 것이 원어민스러운 발음입니다.

Where will you be?

'Where will you'는 빠르게 발음하면 '**웨얼윌유**'로 자연스럽게 연결됩니다. 'be'는 명확하게 발음하지만, 전체 문장은 한 호흡으로 '**웨얼윌유 비?**'처럼 부드럽게 발음하는 것이 원어민스럽습니다.

원어민 발음되기

스피킹 트레이닝 5번 반복 연습

영어 발음 튜닝법을 생각하며 다음의 표시에 따라 연습해 보세요.
( )는 묶어서 한 번에, 굵은 글씨는 문장 강세를 살려주는 부분입니다.

▲음원듣기

01. (She will) (**go** to) **America** to **study English**.

02. (They'll) (**leave** the **house**) at **7 a.m**.

03. (We will) **probably** (be at **home**).

04. (I will **not**) (**go** to) **America** to **study English**.

05. (They **won't**) (**leave** the **house**) at **7 a.m**.

06. (We **won't**) **probably** (be at **home**).

07. (**What** will you **do**) to (**get** a **new job**)?

08. (**When** will they) (**leave** the **house**)?

09. (**Where** will you) **be**?

10. (Will you) (**pass** me the **salt**)?

11. (I'll) (**travel** to **Europe**) **next year**.

12. (He'll) (**give** an) **important presentation tomorrow**.

13. (We'll) (**start** a) **new project soon**.

14. (They **won't**) (**move next week**).

15. (I **won't**) (**solve** that **problem**).

16. (She **won't**) (**attend** that) **party tonight**.

17. (Will you) (**attend** the) **meeting**?

18. (Will he) (**write** the **report**)?

19. (Will we **be able** to) (**complete** the **project**) on **time**?

20. (Will you **use**) the **new software**?

'그때'를 연결하는
접속사 when

→ 저녁 먹고 있을 때, 네가 전화했어.

특정 시점의 타이밍을 딱 말해주는
문법 치트키

학습 목표

- "학생 때 열심히 공부했어요."처럼 과거 시점을 연결할 수 있어요.
- "공부할 때 음악을 들어요."처럼 동시에 일어나는 일을 말할 수 있어요.
- "나갔을 때 비가 왔어요."처럼 특정 순간의 상황을 말할 수 있어요.

치트키 핵심 한눈에 보기

'~할 때'를 표현할 때 쓰는 말이에요. 특정한 상황이나 시간이 되었을 때 일어나는 행동이나 반응을 자연스럽게 연결할 수 있어요. 습관, 조건, 반복 상황을 말할 때 꼭 필요한 영어 회화의 실전 치트키입니다. 데니쌤과 함께 치트키의 핵심을 정복해 볼까요?

데니쌤과 함께 학습해 보세요 ▶

데니쌤의 치트키 정리 노트

접속사 when	
형태	❶ 주어+동사 when 주어+동사 ❷ When 주어+동사, 주어+동사
용도	특정 시점 '그때'로 이어주는 접속사
의미	~할 때, ~ 일 때, ~때

데니쌤의 치트키 문장 노트

평서문	I studied hard when I was a student. 학생이었을 때 공부를 아주 열심히 했어요.
부정문	I didn't study hard when I was a student. 학생이었을 때 공부를 열심히 하지 않았어요.
의문문	Did you study hard when you were a student? 학생이었을 때, 공부를 열심히 했었나요?

평서문 말하기

I studied hard when I was a student.	학생이었을 때 공부를 아주 열심히 했어요.
He traveled a lot when he was younger.	그는 어렸을 때 여행을 많이 했어요.
They played soccer every weekend when they were in school.	그들은 학교 다닐 때 매주 주말마다 축구를 했어요.

'when'은 두 사건이 일어난 시간을 연결하는 접속사입니다. 주로 과거에 어떤 일이 일어났을 때를 말할 때 사용되며, 'When + 주어 + 과거동사'의 형태로 쓰입니다. 예를 들어, 'When I was a student'는 "내가 학생이었을 때"를 의미하며, 특정 시점에 일어난 사건을 이야기할 때 사용됩니다.

더 알아보기

접속사 when은 두 사건의 시간을 연결할 때 사용되고, 의문사 when은 시간을 질문할 때 사용됩니다.

- **I studied hard when I was a student.**
  학생이었을 때 열심히 공부했어요. → 접속사 When
- **When will you arrive?**
  언제 도착하나요? → 의문사 When

영어 발음 튜닝하기

I studied hard when I was a student.

'studied'는 '스터디드' 대신 **'스떠디드'**로 발음합니다. 'd'를 연음으로 하면 **'스떠리드'**로도 가능합니다. 그 뒤에 'hard'는 '하드'가 아닌 **'하-ㄹ드'**로 'r' 소리를 살려 발음합니다. **'아이 스떠리드 '하-ㄹ드'**로 연결됩니다. 문장을 발음할 때 'studied, hard, student'에 더 힘을 주어 말하면 더 원어민스러운 느낌을 주게 됩니다.

He traveled a lot when he was younger.

'travel'은 흔히 '트래블'로 발음되지만, 'tr-'이 붙어 있으면 '트'가 아니라 **'츄'**로 발음하는 것이 더 원어민스럽습니다. 'traveled'는 **'츄레블'**에 과거형 '-ed'를 붙여 **'츄레블드'**로 발음됩니다. 이때, 뒤에 나오는 'a lot'을 앞에 'traveled'와 연음하면 **'츄레블더 랏'**으로 발음됩니다. 따라서 문장은 **'히 츄레블더 랏'**으로 자연스럽게 연결되어 발음됩니다.

They played soccer every weekend when they were in school.

'played'는 명확하게 **'플레이-ㄷ'**로 발음하며, 끝에 'd' 소리가 터져 나오듯이 명확하게 발음됩니다. 그리고 'every weekend'도 빠르지만 정확하게 **'에브뤼 위껜드'**라고 발음하지만, 문장속에서 **'드'** 소리는 명확하게 들리지 않고 약하게 처리됩니다. 따라서, 대화 안에서 보면 **'데이 플레이-ㄷ 싸껄 에브뤼 위껜'**처럼 발음하는 것이 원어민스러운 발음입니다.

부정문 말하기

I **didn't study** hard when I was a student.	학생이었을 때 공부를 열심히 하지 않았어요.
He **didn't travel** a lot when he was younger.	그는 어렸을 때 여행을 많이 하지 않았어요.
They **didn't play** soccer every weekend when they were in school.	그들은 학교 다닐 때 매주 주말마다 축구를 하지는 않았어요.

부정문에서 'when'은 과거의 특정 시점이나 사건과 연결되어, 그 시점에 어떤 일이 일어나지 않았다는 것을 명확히 합니다. 과거형 부정문은 '주어 + did + not + 동사원형' 또는 '주어 + didn't + 동사원형' 구조로 만들어집니다.

더 알아보기

접속사 'when'은 주로 과거에 많이 사용되지만, 현재나 미래 상황을 설명할 때도 사용할 수 있습니다.

- I don't eat sweets **when** I'm on a diet.
  저는 다이어트 중일 때는 과자를 먹지 않아요.
- I won't go out **when** it's raining.
  비가 올 때는 나가지 않을 거예요.

영어 발음 튜닝하기

I didn't study hard when I was a student.

'didn't study'는 **'디든 스떠리'**로 발음이 자연스럽게 나옵니다. 이번에 연습해 볼 부분은 'when I was a student'인데, 'I was a'는 한 소리처럼 **'웬 아이워저'**로 연결됩니다. 'when I was a student' 문장은 **'웬 아이워저 스뜌던트'**로 연결이 되고 전체 문장은 **'아이 디든 스떠리 하-ㄹ드 웬아이워저 스뜌던트'**로 부드럽게 이어지게 됩니다.

He didn't travel a lot when he was younger.

'didn't travel'은 **'디든 츄레블'**로 자연스럽게 발음됩니다. 'a lot'은 **'얼랏'**으로 빠르게 이어지고, 'younger'는 **'영걸'**로 발음이 됩니다.

They didn't play soccer every weekend when they were in school.

'play'는 **'플레이'**로 발음합니다. 'every weekend'는 **'에브리 위껜'**으로 **'드'** 소리가 약하게 처리되며, 'when they were'는 **'웬데이월'**로 자연스럽게 이어집니다. 전체 문장은 **'데이 디든 플레이 싸껄 에브뤼 위껜'**처럼 발음하는 것이 자연스럽습니다.

의문문 말하기

Did you **study** hard when you were in America**?**	미국에 있었을 때 공부를 열심히 했었나요?
Did he **travel** a lot when he was younger**?**	그는 어렸을 때 여행을 많이 했었나요?
Did they **play** soccer every weekend when they were in school**?**	그들은 학교 다닐 때 매주 주말마다 축구를 했었나요?

'~할 때 ~했었니?'라는 의문문은 두 사건이 동시에 일어난 시점을 묻는 질문입니다. 이 구조에서는 첫 번째 사건이 일어난 시점에 두 번째 사건도 함께 발생했는지 물어보는 방식입니다. 'Did you ~ when you were ~?'의 형태로 쓰이며, 과거의 특정 시점에 발생한 행동에 대한 질문입니다.

영어 발음 튜닝하기

Did you study hard when you were in America?

'Did you'는 **'디쥬'**처럼 빠르게 발음됩니다. 'study hard'는 **'스떠리 하-ㄹ드'**로 'r' 소리를 살려 발음하며, 'when you were'는 **'웬유윌'**처럼 연결됩니다. 'in America'는 빠르게 연결이 되면 **'인 어메리까'**는 **'이너메리까'**처럼 들립니다. 전체 문장은 **'디쥬 스떠리 하-ㄹ드 웬유윌 이너메리까?'**로 발음됩니다.

Did he travel a lot when he was younger?

'Did he'는 **'디디'** 또는 **'디리'**처럼 빠르게 발음됩니다. 'travel'은 **'츄레블'**로 발음되고, 'a lot'은 **'얼랏'**으로 자연스럽게 이어집니다. 'When he was'는 **'웬히워즈'**로, 'younger'는 **'영걸'**로 부드럽게 발음합니다. 전체 문장은 **'디디(디리) 츄레블 어랏 웬히워즈 영걸?'**로 자연스럽게 연결됩니다.

Did they play soccer every weekend when they were in school?

'Did they'는 빠르게 발음하면 **'디데이'**처럼 들립니다. 'play soccer'는 명확하게 **'플레이 싸껄'**로 발음하고, 'in school'은 **'인 스꾸우ㄹ'**로 발음이 되지만 문장 안에서 빠르게 이어질 때는 **'인 스꿀'**로 부드럽게 이어집니다. 전체 문장은 **'디데이 플레이 싸껄 에브뤼 위껜 웬데이월 인 스꿀'**처럼 자연스럽게 연결됩니다.

원어민 발음되기

스피킹 트레이닝 5번 반복 연습 ○○○○○

영어 발음 튜닝법을 생각하며 다음의 표시에 따라 연습해 보세요.
( )는 묶어서 한 번에, 굵은 글씨는 문장 강세를 살려주는 부분입니다.

▲음원듣기

01. (I **studied hard**) when (I was **a student**).

02. (He **traveled a lot**) when (he was **younger**).

03. (They **played soccer**) **every weekend** when (they were in) **school**.

04. (I **didn't study hard**) when (I was a **student**).

05. (He **didn't** travel a lot) when (he was **younger**).

06. (They **didn't play soccer**) **every weekend** when (they were in **school**).

07. (Did you **study hard**) when (you were in **America**)?

08. (Did he **travel a lot**) when (he was **younger**)?

09. (Did they play **soccer**) **every weekend** when (they were in **school**)?

10. (I **don't eat sweets**) (when I'm on a **diet**).

11. (When I was in the **United States**), I had **various experiences**.

12. (They **don't drink water**) when (they **work out**).

13. (I'm **happy**) when (I **watch TV**).

14. (They **don't eat food**) when (they **play games**).

15. (When we were in **Hong Kong**), (we **stayed**) at that **hotel**.

16. (When I **went** out), it was **raining**.

17. (**You don't drive**) when (you're **tired**).

18. (I **listen** to **music**) when (I **study**).

19. (She **sings**) when (she **cooks**).

20. (We **go jogging**) when (we're on **vacation**).

의무 표현을 말하는
조동사 have to

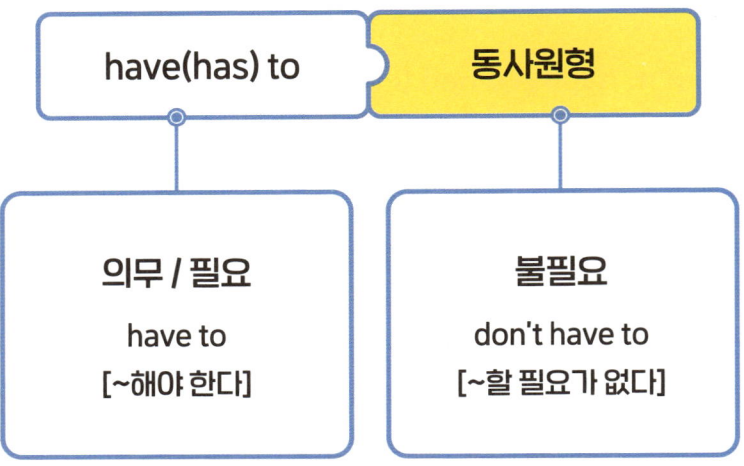

꼭 해야 하는 일을 말해주는
문법 치트키

학습 목표

- "도서관에선 조용히 해야 해요."처럼 규칙·의무를 말할 수 있어요.
- "일찍 출근해야 해요."처럼 자신의 해야 할 일을 표현할 수 있어요.
- "그녀는 오늘 프로젝트를 끝내야 하나요?"처럼 상대의 의무를 물을 수 있어요.

 치트키 핵심 한눈에 보기

'~해야 해요'를 표현할 때 쓰는 말이에요. 의무, 필요, 책임이 따르는 행동을 말할 때 자주 쓰여요. 규칙, 습관, 일상 업무처럼 꼭 해야 하는 일들을 자연스럽게 표현할 수 있는 영어 회화의 실전 치트키입니다. 데니쌤과 함께 치트키의 핵심을 정복해 볼까요?

데니쌤과 함께 학습해 보세요 ▶

데니쌤의 치트키 정리 노트

조동사 have to	
형태	have/has to + 동사원형
용도	의무 표현
의미	~해야 한다, ~해야만 한다

데니쌤의 치트키 문장 노트

평서문	People have to park in the parking lot. 주차장에 주차해야 해요.
부정문	People don't have to park in the parking lot. 주차장에 꼭 주차하지 않아도 돼요.
의문문	Do people have to park in the parking lot? 주차장에 꼭 주차해야 하나요?

평서문 말하기

You **have to** be quiet in the library.	도서관에서는 조용히 해야 해요.
She **has to** stop here.	그녀는 여기서 멈춰야 해요.
People **have to** park in the parking lot.	주차장에 주차해야 해요.

'have to'는 필수나 의무를 나타내는 표현으로, 어떤 행동을 반드시 해야 하는 상황을 설명할 때 사용합니다. 1인칭, 2인칭, 복수 주어에는 'have to'를, 3인칭 단수 주어에는 'has to'를 사용합니다. 'have to / has to' 뒤에는 항상 동사원형이 옵니다.

더 알아보기

have to, must, should는 모두 '~해야 해요'처럼 의무나 조언을 표현할 때 사용되지만, 강도와 쓰임에 차이가 있습니다.

must는 '반드시 해야 해요'를 뜻하며, 법적 강제나 주어의 강한 의무감을 나타낼 때 사용합니다. have to는 '꼭 해야 해요'를 의미하며, 외부 규칙이나 상황에 따라 어쩔 수 없이 해야 하는 일을 표현할 때 사용됩니다. should는 '하는 게 좋아요' 또는 '하는 편이 나아요'처럼 조언이나 권장을 부드럽게 전달할 때 사용됩니다.

- You **must** wear a helmet when riding a bike.
  자전거를 탈 때 반드시 헬멧을 써야 해요. ➡ 법적 강제 / 강한 의무

- I **have to** go to work by 9 a.m.
  저는 아침 9시까지 출근해야 해요. ➡ 규칙 / 의무

- You **should** eat more vegetables.
  야채를 더 많이 먹는 게 좋겠어요. ➡ 조언 / 권장

영어 발음 튜닝하기

You have to be quiet in the library.

'have to'의 기본 발음은 **'해브 투'**가 되지만 빠르게 발음 될 때는 **'햅투'**로 들리게 됩니다. 'quiet'는 **'콰이-엇ㅌ'**처럼 발음이 됩니다. **'유 햅 투 비 콰이-엇'**으로 부드럽고 자연스럽게 이어지며, 특히 'have to be'는 강조하여 발음됩니다.

She has to stop here.

'has to'는 원어민이 발음할 때 연음되어 **'해스투'**처럼 들립니다. 또한 원어민은 'stop'처럼 'st-'가 같이 오게 되면 't' 소리를 된소리로 발음합니다. **'스땁'**으로 발음하는 것이 자연스럽습니다. 전체 문장은 **'쉬 해스투 스땁 히어'**처럼 이어지게 되며, 'has to' 역시 강조하며 연결됩니다.

People have to park in the parking lot.

'park'는 강하게 **'팔ㅋ'**로 발음이 되는데 '팔'과 '펄' 사이에서 소리가 나기 때문에 '펄-ㅋ'처럼 들리기도 합니다. **'팔ㅋ'**로 발음하면서 'in'과 연음으로 처리되어 **'팔낀'**으로 자연스럽게 연결됩니다. **'피플 햅 투 팔낀 더 팔낑 랏'**처럼 부드럽게 이어지는 원어민 발음이 됩니다.

부정문 말하기

I **don't have to** study English.	저는 더 이상 영어 공부를 하지 않아도 돼요.
She **doesn't have to** stop here.	그녀는 여기서 멈출 필요가 없어요.
People **don't have to** park in the parking lot.	주차장에 주차해야 할 필요가 없어요.

'have to'의 부정문은 'do not have to' 또는 'does not have to'로 '~할 필요가 없다'는 의미를 표현합니다. 주어의 인칭에 따라 'do' 또는 'does'를 사용하여 의미를 표현할 수 있습니다.

더 알아보기

don't have to vs. **must not**

'must not'은 강한 금지를 의미하여, '절대로 해서는 안 되는 행동'을 표현합니다. 반면에, 'don't have to'는 '~할 필요가 없다'는 뜻으로, 어떤 행동을 할 필요가 없지만 선택은 가능한 상황을 표현합니다.

- You **must not** smoke in this building.
  이 건물에서 절대로 담배를 피우면 안 돼요.
- You **don't have to** go to the meeting if you're busy.
  바쁘면 그 회의에 갈 필요는 없어요.

영어 발음 튜닝하기

I don't have to study English.

'I don't'의 기본 발음은 '**아이 돈트**'지만 원어민이 실제 발음을 할 때는 '**아돈**'으로 자연스럽게 하나의 단어처럼 처리합니다. '**아돈 햅 투 스떠리 잉-글리쉬**'로 전체 문장이 한 호흡으로 자연스럽게 이어집니다.

She doesn't have to stop here.

앞에서 여러 번 언급했듯이 'doesn't'는 원어민이 발음할 때 't' 소리는 거의 들리지 않습니다. 사전에서 나오는 '더즌트'가 아니라 '**더즌**'으로 마지막 't' 소리는 거의 발음하지 않는 것처럼 들립니다. '**쉬 더즌 햅 투 스땊 히얼**'이라고 한 호흡 한 블럭으로 묶어서 발음할 수 있습니다.

People don't have to park in the parking lot.

'People don't have to park in the parking lot.'에서 'don't'는 강조하고 싶은 의미에 따라 강하게 발음될 수도 있지만, 일반적으로는 약하게 발음되어 '**돈**'으로 들립니다. 전체 문장은 한 호흡으로 부드럽게 연결되어 '**피플 돈 햅 투 팔낀 더 팔낑 랏**'처럼 자연스럽게 발음됩니다.

의문문 말하기

Does he **have to** work hard?	그는 일을 열심히 해야 하나요?
Does she **have to** stop here?	그녀는 여기서 멈춰야 하나요?
Do people **have to** park in the parking lot?	주차장에 꼭 주차해야 하나요?

'have to'가 사용된 의문문은 특정 행동이 필수적인지를 묻는 표현입니다. 'Do/Does + 주어 + have to + 동사원형'의 형태로, 주어 인칭에 따라 Do나 Does를 사용합니다. 이 구조는 상대방에게 어떤 의무나 해야 할 일이 있는지를 질문할 때 쓰입니다.

 더 알아보기

'have to'를 활용한 의문문에서 대답은 'Yes, 주어 + do/does.' 또는 'No, 주어 + don't/doesn't.' 형태로 간단하게 할 수 있습니다.

- **Does** she **have to** finish the project today?
  그녀는 오늘 그 프로젝트를 끝내야만 하나요?
  → **Yes, she does.** 네, 그래야 해요.
  → **No, she doesn't.** 아니요, 그렇지 않아요.

영어 발음 튜닝하기

Does he have to work hard?

'Does he'는 연음으로 처리되어 '더즈히'가 **'더즈이'**처럼 빠르게 발음되며, 'h' 소리는 거의 들리지 않습니다. 'work'는 **'워얼크'**로 발음되지만, 빠르게 말할 때는 **'월크'**처럼 들릴 수 있습니다. 전체 문장은 **'더즈이 햅 투 월크 하-ㄹ드?'**로 끝 음을 살짝 올려 마무리하면, 자연스럽게 원어민처럼 발음됩니다.

Does she have to stop here?

'Does she'는 개별적으로 **'더즈 쉬'**로 발음되지만, 빠르게 말할 때는 **'즈'** 소리가 거의 들리지 않아 **'더쉬'**로 자연스럽게 연결됩니다. 전체 문장은 **'더쉬 햅 투 스땁 히얼?'**로 자연스럽게 발음되어, 원어민처럼 들리게 됩니다.

Do people have to park in the parking lot?

'Do people have to'는 **'두 피플 햅 투'**로 발음되며, 'have to'는 부드럽게 이어져 **'햅 투'**로 빠르게 연결됩니다. 'park in'은 자연스럽게 묶여 **'팔낀'**처럼 들리고, 'the parking lot'은 **'더 팔낑 랏'**으로 발음됩니다. 전체적으로 문장은 **'두 피플 햅투 팔낀 더 팔낑 랏?'**으로 매끄럽게 이어지며, 끝에서 살짝 올리는 억양으로 원어민 발음처럼 들릴 수 있습니다.

원어민 발음되기

스피킹 트레이닝 5번 반복 연습 ○○○○○

영어 발음 튜닝법을 생각하며 다음의 표시에 따라 연습해 보세요.
( )는 묶어서 한 번에, 굵은 글씨는 문장 강세를 살려주는 부분입니다.

▲음원듣기

01. (You **have to be quiet**) in the **library**.

02. (She **has to stop**) **here**.

03. (People **have to park**) in the **parking lot**.

04. (I **don't have to study**) **English**.

05. (She **doesn't have to stop**) **here**.

06. (People **don't have to park**) in the **parking lot**.

07. (**Does** he **have to work**) **hard**?

08. (**Does** she **have to stop**) **here**?

09. (**Do** people **have to park**) in the **parking lot**?

10. (You **must not smoke**) in this **building**.

11. (He **has to wake up**) **early tomorrow**.

12. (**Does** she **have to finish**) the **project today**?

13. (I **have to** go to) **work early**.

14. (She **doesn't have to clean**) the **room**.

15. (You **have to reply**) to this **message**.

16. (**Do** I **have to walk**) to the **office**?

17. (**People have to drink**) **water every** day.

18. (We **have to complete**) this **project** by next **week**.

19. (He **has to prepare**) the **presentation**.

20. (You **don't have to** go to) the **meeting** if you're **busy**.

지금까지를 말하는 현재완료

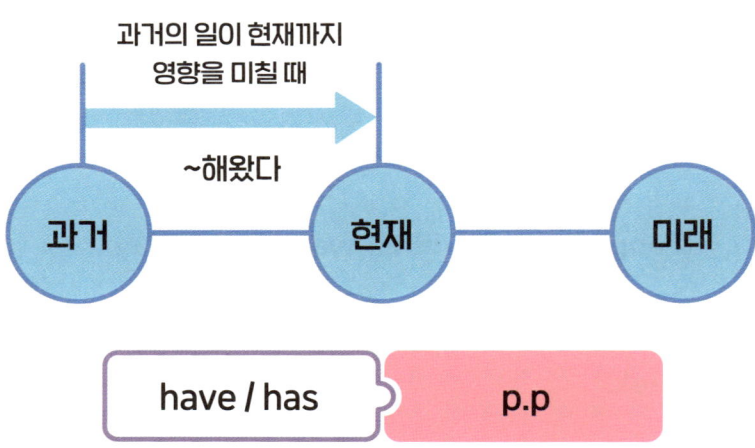

과거와 현재를 이어주는 브릿지
문법 치트키

🎯 학습 목표

- "부산에 한 번도 가본 적 없어요."처럼 경험을 말할 수 있어요.
- "그녀는 여기서 5년째 일하고 있어요."처럼 계속된 일을 표현할 수 있어요.
- "그녀는 이미 일을 끝냈어요."처럼 끝난 일을 말할 수 있어요.

치트키 핵심 한눈에 보기

'지금까지'를 표현할 때 쓰는 문법이에요. 과거의 경험, 상태, 완료, 결과를 현재와 자연스럽게 연결해 줍니다. ever, never, before, for, since, just, already, yet 같은 부사와 함께 자주 쓰이며, 말하기 감각을 4배로 확장해 주는 시간 표현의 끝판왕 실전 치트키입니다. 데니쌤과 함께 치트키의 핵심을 정복해 볼까요?

데니쌤과 함께 학습해 보세요 ▶

데니쌤의 치트키 정리 노트

현재완료	
형태	have / has + p.p
용도	경험, 계속, 완료, 결과
의미	[경험] ~해본 적 있다　　[계속] (지금까지) ~해오고 있다 [완료] (지금 막) 끝났다　　[결과] ~된 상태이다, ~해버렸다

데니쌤의 치트키 문장 노트

평서문	I've ever had sushi before. 저는 전에 스시를 먹어본 적이 있어요.
부정문	I've never had sushi before. 저는 전에 스시를 먹어본 적 없어요.
의문문	Have you ever had sushi before? 전에 스시를 먹어본 적 있어요?

평서문 말하기

I**'ve ever had** sushi before.	저는 전에 스시 먹어본 적 있어요.
She**'s already finished** her work.	그녀는 이미 그녀의 일을 끝냈어요.
I**'ve lived** in Korea since 1990.	저는 1990년부터 한국에서 살고 있어요.

과거에 시작된 행동이나 상태가 현재까지 영향을 미치거나 완료된 상황을 설명할 때, 현재완료 'have/has + p.p(과거분사)'형태를 사용합니다. 현재완료는 특정 과거 시점이 아닌, 현재와 관련된 과거임을 보여줍니다.

 더 알아보기

현재완료 vs. 과거시제

현재완료는 과거에 시작된 일이 현재까지 영향을 미치거나 지속될 때 사용하며, 단순 과거는 하나의 일이 과거에 완전히 끝났을 때 사용합니다.

- I **have worked** here for 10 years.
  저는 여기서 10년 동안 일해왔어요. → 지금도 계속 일하고 있음을 표현
- I **worked** here 10 years ago.
  저는 10년 전에 여기서 일했어요. → 지금은 일하지 않음을 표현

영어 발음 튜닝하기

I've ever had sushi before.

'I've'는 'I have'의 줄임말로, 원어민이 빠르게 발음할 때, **'아브'**처럼 자연스럽게 연결됩니다. 또한, 'sushi'는 '스시'가 아니라 원어민은 **'수쉬'**로 발음합니다. 'before'는 천천히 발음하면 **'비포얼'**로 들립니다. 이때, 완전히 '어'로 하는 것이 아니라 'r' 소리가 약하게 나기 때문에 '어'처럼 들리는 것입니다. 전체 문장은 **'아브 에벌 해드 수쉬 비뽀얼'**로 자연스럽게 연결됩니다.

She's already finished her work.

'she's'는 'She has'의 줄임말로, **'쉬스'**로 빠르게 발음됩니다. 그 뒤에 이어지는 'already'는 빠르게 넘어가면서 '얼-뤠디'보다 **'어뤠디'** 또는 **'어뤠리'**처럼 들리는 경향이 있습니다. 하나 더 추가하여 발음 팁을 드리면, 'finished'는 '피니쉬드' 대신 **'피니쉬ㅌ'**로 발음하며, 마지막 'ㅌ'는 공기를 터트리듯 발음하지만, 뒤에 나오는 'her'와 연음이 되면, **'피니쉬덜'**로 들리기도 합니다. 전체를 발음해 보면 **'쉬스 어뤠리 피니쉬덜 월크'**가 됩니다.

I've lived in Korea since 1990.

'lived in'은 '리브드 인' 대신 **'리브딘'**처럼 부드럽게 연결되고, 'Korea'는 '코리아' 보다 **'커뤼아'**처럼 들립니다. 전체 문장은 **'아브 리브딘 커뤼아 신스 나이틴 나이리'**로 자연스럽게 연결됩니다.

부정문 말하기

She **hasn't studied** English for 2 years.	그녀는 2년째 영어 공부를 안 하고 있어요.
I've not completed the report yet.	저는 아직 보고서를 완료하지 못했어요.
They**'ve not lived** in Korea since 1990.	그들은 1990년 이후로 한국에서 살지 않았어요.

현재완료 부정문은 'have/has + not + 과거분사(p.p)' 형태로, 과거에 시작된 행동이나 상태가 현재까지 이루어지지 않았거나 완료되지 않았음을 나타냅니다.

더 알아보기

현재완료와 자주 사용되는 단어

- **ever** 지금까지 한 번이라도
- **never** 한 번도 ~한 적 없다
- **already** 이미, 벌써
- **just** 막, 방금
- **yet** 아직(부정문), 이미, 아직(의문문)
- **since -** ~이래로
- **for -** ~동안

영어 발음 튜닝하기

She hasn't studied English for 2 years.

'hasn't studied'는 '**해즌트 스떠디드**'로 소리가 나지만 빠르게 연결될 때는 '**해즌 스떠리드**'로 연결됩니다. 또한, 'for 2 years'를 한 호흡으로 연결하면, '**포올 투 이얼즈**'처럼 들립니다. 전체를 한 호흡으로 보면, '**쉬 해즌 스떠리드 잉-글리쉬 포올 투 이얼즈**'로 연결할 수 있습니다.

I've not completed the report yet.

이번 원어민스러운 발음 팁은 'completed'와 'report'입니다. 'completed'는 '**컴플리티드**'에 익숙하지만, 문장 안에서 빠르게 발음될 때는 '**컴플리딧**'처럼 들리게 됩니다. 'report'는 '레포트'가 아닌 '**뤼포올트**'처럼 들리지만, 빠르게 발음하면서 뒤에 나오는 'yet'과 연음이 되면 '**리포올옛**'처럼 들립니다. 전체를 발음해 보면 '**아브 낫 컴플리딧 더 뤼포올옛**'처럼 부드럽게 이어서 발음됩니다.

They've not lived in Korea since 1990.

'They've'는 'They have'의 줄임말로, 원어민이 빠르게 발음 할 때, '**데이브**' 처럼 들립니다. '**데이브 낫 리브딘 커뤼아 신스 나이틴 나이리**'처럼 전체 문장이 부드럽게 이어져서 발음이 됩니다.

의문문 말하기

Have you **been** to the bank today**?**	오늘 은행에 다녀왔어요?
Has he **studied** Japanese for 2 years**?**	그는 일본어를 2년 동안 공부했어요?
Have they **submitted** the report yet**?**	그들이 보고서를 이미 제출했나요?

현재완료 의문문은 'Have/Has + 주어 + p.p(과거분사) ~?'의 형태로 만들어지며, 주로 '~해 본 적 있나요?', '~을 이미 했나요?', '~한 결과가 있나요?'와 같은 의미로 해석됩니다. 문장의 의미를 풍부하게 만들기 위해 'ever, already, yet' 등의 부사를 사용하여 경험, 완료, 결과를 더 구체적으로 표현할 수 있습니다.

더 알아보기

How long have/has + 주어 + p.p(과거분사) ~?

과거에 시작된 행동이나 상태가 얼마나 오랫동안 지속되었는지를 묻는 질문이 됩니다.

- **How long have** you **played** tennis?
  테니스를 얼마나 오래 쳤나요?
- **How long have** they **lived** in Canada?
  그들은 캐나다에 얼마나 오래 살았나요?
- **How long has** she **worked** at that company?
  그녀는 그 회사에서 얼마나 오래 일했나요?

영어 발음 튜닝하기

Have you been to the bank today?

'Have you'는 빠르게 발음하면 **'해뷰'**처럼 들립니다. 'been to the'는 **'빈투더'**로 자연스럽게 연결되고, 'bank today'는 '뱅크 투데이' 보다는 **'뱅투데이'**처럼 발음됩니다. 한 호흡으로 전체를 발음하면, **'해뷰 빈투더 뱅투데이?'**로 부드럽게 연결됩니다.

Has he studied Japanese for 2 years?

'Has he'는 **'해지'**처럼 빠르게 연결됩니다. 'studied Japanese'는 **'스떠리드 재빼니즈'**로 자연스럽게 이어지고, 'for 2 years'는 **'포올 투 이어즈'**로 발음합니다. **'해지 스떠리드 재빼니즈 포올 투 이어즈?'**로 전체 문장이 자연스럽게 연결되어 원어민스러운 발음이 됩니다.

Have they submitted the report yet?

'Have they'는 **'햅데이'**로 빠르게 발음되고, 'submitted the'는 **'썸밋더'**처럼 연결됩니다. 'report yet'는 **'뤼포올옛'**으로 자연스럽게 이어서 발음됩니다. 한 호흡으로 연결해서 발음해 보면, **'햅데이 썸밋더 뤼포올옛?'**처럼 자연스럽게 이어지면서 발음됩니다.

원어민 발음되기

스피킹 트레이닝 5번 반복 연습 ○○○○○

영어 발음 튜닝법을 생각하며 다음의 표시에 따라 연습해 보세요.
( )는 묶어서 한 번에, 굵은 글씨는 문장 강세를 살려주는 부분입니다.

▲음원듣기

01. (I've) **ever had sushi before**.

02. (She's) **already** (**finished** her) **work**.

03. (I've) (**lived in**) **Korea since 1990**.

04. (She **hasn't**) (**studied English**) for **2 years**.

05. (I've **not**) (**completed** the **report**) **yet**.

06. (They've **not**) (**lived** in) **Korea** since **1990**.

07. (**Have you**) (**been** to the **bank**) **today**?

08. (**Has he**) **studied Japanese** for **2 years**?

09. (**Have they**) (**submitted** the **report**) **yet**?

10. **How long** (**have you**) **played tennis**?

11. (I've) **never been** to **Busan before**.

12. **How long (has he been) married?**

13. (She's) (**worked here**) for **5 years**. She's **very diligent**.

14. (We've **never**) been to **Japan before** because we (have a **fear** of) **flight**.

15. **How long (have you met)?**

16. (We've) **met** for **10 years**.

17. (He's) the **greatest person** (I've **ever met**).

18. This is the **fastest car** (I've **ever seen**).

19. (I've) (**worked** at) this **company** for **15 years**.

20. (She's) the **most intelligent person** (I've **ever met**).

165

동사 하나면 되는
to부정사

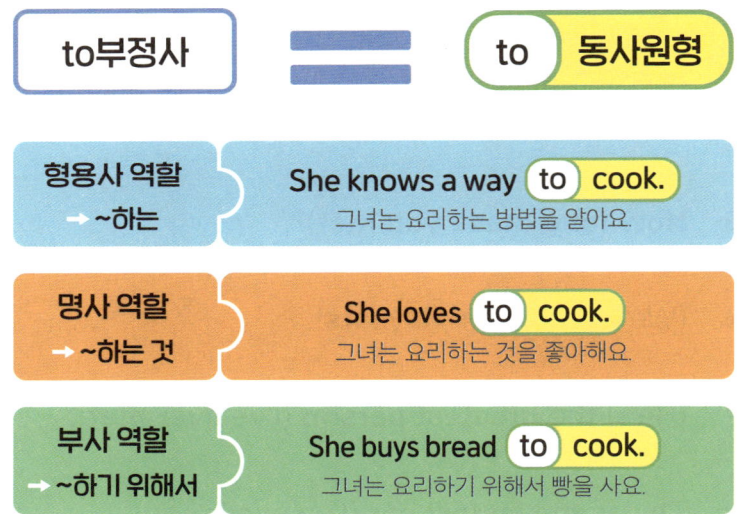

형용사, 명사, 부사 역할을 다 하는
문법 치트키

🎯 학습 목표

- "나는 차를 갖고 싶어요."처럼 무엇을 하고 싶은지 말할 수 있어요.
- "당신을 보니 좋아요."처럼 감정이나 상태를 설명할 수 있어요.
- "시험에 합격하려고 공부했어요."처럼 목적·이유를 말할 수 있어요.

치트키 핵심 한눈에 보기

'~하는'처럼 명사를 꾸미거나, '~하는 것'처럼 문장의 주어 또는 목적어가 되거나, '~하기 위해서', '~해서'처럼 목적이나 감정을 표현할 때 등 다양하게 쓰이는 문법이에요. 하고 싶은 말이 많아질수록 to부정사 하나면 충분해요. 말을 더 풍부하고 자연스럽게 이어주는 실전 치트키입니다. 데니쌤과 함께 치트키의 핵심을 정복해 볼까요?

데니쌤과 함께 학습해 보세요 ▶

데니쌤의 치트키 정리 노트

to부정사			
형태	to + 동사원형		
용도	형용사 역할	명사 역할	부사 역할
의미	~할, ~하는	~하는 것	~하기 위해

데니쌤의 치트키 문장 노트

평서문	They go to America to make a contract. 그들은 계약을 체결하러 미국에 가요.
부정문	They go to America not to make a contract. 그들은 계약을 체결하러 미국에 가는 게 아니에요.
의문문	Do they go to America to make a contract? 그들이 계약하러 미국에 가나요?

평서문 말하기

There are many places **to visit** in Korea.	한국에는 가볼 곳이 아주 많아요.
I want **to have** a car.	저는 차 한 대를 갖고 싶어요.
They go to America **to make** a contract.	그들은 계약을 체결하러 미국에 가요.

to부정사는 'to + 동사원형' 형태로, 주로 '목적, 계획, 의도'를 나타낼 때 사용됩니다. to부정사는 세 가지 용법으로 사용됩니다. 첫째, 형용사 역할로 명사를 수식하여 설명합니다. 둘째, 명사 역할로 주어 또는 목적어로 쓰입니다. 셋째, 부사 역할로 동사나 형용사를 수식하며 이유나 목적을 나타냅니다.

더 알아보기

'to + 동사원형'은 어떤 행동의 목적을 말할 때 사용됩니다. 이때, 'in order to'를 사용하면 목적을 더 강조하거나 문장을 더 격식 있게 표현할 수 있어요.

- I studied hard **to pass** the exam.
  저는 시험에 합격하려고 열심히 공부했어요.
  = I studied hard **in order to pass** the exam. ➜ 목적 강조

영어 발음 튜닝하기

There are many places to visit in Korea.

'There are'는 빠르게 발음하면 '데얼알' 대신 **'델알'** 또는 **'델'**로 연결됩니다. 'many places'는 명확하게 **'매니 플레이시즈'**로 자연스럽게 이어집니다. 'in Korea'는 빠르게 발음하면 **'인 커뤼아'**처럼 들립니다. 전체 문장은 **'델알(델) 매니 플레이시즈 투 비짓 인 커뤼아'**처럼 발음하는 것이 원어민스럽습니다.

I want to have a car.

'I want to'는 원어민들이 빠르게 발음할 때 '아이 원 투'가 아니라 **'아이 워너'**처럼 들립니다. 'have a'는 '해브 어' 대신 **'해버'**로 부드럽게 이어지고, 'car'는 명확하게 **'카알'**로 발음합니다. 전체 문장은 **'아이 워너 해버 카알'**처럼 자연스럽게 발음하는 것이 원어민스럽습니다.

They go to America to make a contract.

'They go to'는 빠르게 발음하면 '데이 고우 투' 대신 **'데이 고루'**처럼 부드럽게 연결됩니다. 'America'는 '어메리까' 보다 **'메리까'**처럼 들리게 됩니다. 'make a'는 '메이크 어' 대신 **'메이꺼'**로 발음하는 것이 더 자연스럽습니다. 전체 문장은 **'데이 고루 메리까 투 메이꺼 컨츄랙(트)'**로 발음하는 것이 원어민스럽습니다.

부정문 말하기

She has a plan **not to travel** next month.	그녀는 다음 달엔 여행을 안 하려고 해요.
Not to buy an apartment is one of my goals.	아파트 사지 않는 게 제 목표 중 하나예요.
They go to America **not to make** a contract.	그들은 계약을 체결하러 미국에 가는 게 아니에요.

to부정사의 부정문은 'not'을 'to' 앞에 붙여 'not to + 동사원형' 형태로 만듭니다. 이 부정문은 형용사적, 명사적, 부사적 용법에서 모두 사용되며, 어떤 행동을 하지 않는 것을 표현합니다. 형용사적 용법은 명사를 수식하며, 그 명사가 하지 않는 행동을 나타냅니다. 명사적 용법은 주어나 목적어 자리에서 어떤 행동을 하지 않는 것을 의미합니다. 부사적 용법은 어떠한 목적이나 이유로 하지 않음을 표현합니다.

더 알아보기

to부정사의 형용사적 용법은 명사를 꾸며주는 역할을 하는데, 그 중에서도 부정의 의미를 담을 때는, 'nothing to + 동사원형'처럼 '~할 것이 없다'는 형태로 자주 사용됩니다. 즉, '아무것도 ~할 것이 없다'는 뜻을 만들 수 있어요.

- I have **nothing to tell** you. 말해줄 게 없어요.
- We had **nothing to do** yesterday. 어제 할 일이 없었어요.
- He found **nothing to watch** on TV. 그는 TV에 볼 게 없었어요.

영어 발음 튜닝하기

She has a plan not to travel next month.

'She has a'는 빠르게 발음하면 **'쉬해저'**처럼 자연스럽게 연결됩니다. 'plan not to'는 **'플랜 낫 투'**로 부드럽게 이어집니다. 'travel next month'는 '트래블 넥스트 먼쓰'보다는 빠르게 **'츄래블 넥스 먼쓰'**처럼 발음됩니다. 전체 문장은 **'쉬해저 플랜 낫투 츄래블 넥스 먼쓰'**처럼 자연스럽게 발음하면 원어민스럽게 들립니다.

Not to buy an apartment is one of my goals.

'Not to'는 빠르게 발음하면 **'낫 투'**처럼 들립니다. 'buy an'은 '바이 언' 대신 **'바이안'**으로 부드럽게 연결되고, 'apartment'는 '아파트먼트' 대신 **'아팔먼트'**로 발음하는 것이 자연스럽습니다. 'is one of my'는 **'이즈 원업 마이'**처럼 빠르게 연결이 되어 발음이 되고 전체 문장은 **'낫투 바이안 아팔먼트 이즈 원업 마이 골즈'**로 발음하는 것이 자연스럽습니다.

They go to America not to make a contract.

'They go to'는 빠르게 발음하면 **'데이 고루'**처럼 자연스럽게 연결됩니다. 'make a contract'는 '메이크 어 컨트랙트'가 아니라 **'메이꺼 컨츄랙트'**처럼 빠르게 연결됩니다. 전체 문장은 **'데이 고루 메리까 낫투 메이꺼 컨츄랙(트)'**처럼 자연스럽게 발음됩니다.

의문문 말하기

Are there many places to visit in Korea?	한국에 가볼 만한 곳이 많이 있나요?
Does Daniel give me a question to solve?	다니엘이 저한테 풀 문제를 주나요?
Do they go to America to make a contract?	그들이 계약하러 미국에 가나요?

to부정사가 사용된 문장의 의문문은 Do/Does 또는 be동사를 사용하여 만듭니다. 일반동사가 있을 때는 'Do/Does + 주어 + 동사원형 + to부정사' 형태로 의문문을 만들고, be동사가 있을 때는 'be동사 + 주어 + ~ + to부정사' 순으로 형성됩니다. to부정사는 의문문에서도 형태가 변하지 않고, 동작의 목적이나 설명을 그대로 유지합니다.

영어 발음 튜닝하기

Are there many places to visit in Korea?

'Are there'는 '**아 데어**'로 부드럽게 발음됩니다. 'many places'는 분명하게 '**매니 플레이시즈**'로 발음하고, 'to visit in Korea'는 '**투 비짓 인 커뤼아**'로 연결됩니다. 전체 문장은 '**아 데어 매니 플레이시즈 투 비짓 인 커뤼아?**'로 부드럽게 연결이 되면서 끝 음을 살짝 올려서 마무리해 주시면 됩니다.

Does Daniel give me a question to solve?

'Does Daniel'은 '**더즈 데니얼**'로 연결이 되고 'give me a'는 '기브 미 어' 대신 '**깁미어**'로 부드럽게 연결시켜 발음하게 됩니다. 'question'은 '**쿠웨스쳔**'으로 발음이 되지만 문장 안에서 빠르게 발음이 될 때 '**웨**' 발음 명확하게 들리지 않아 '**퀘스쳔**'으로 들리기도 합니다. 하지만 '**쿠웨스쳔**'으로 발음하세요. 'to solve'는 '**투 솔브**'라고 발음되지만 대부분 문장 안에서 'to' 소리는 약하게 들립니다.

Do they go to America to make a contract?

'Do they'는 '**두 데이**'로 발음이 되는 건 맞지만 문장 안에서 빠르게 발음될 때는 '**더 데이**'로 'do' 소리가 약하게 발음이 됩니다. 전체 문장에 적용해 보면 '**더 데이 고루 메리까 투 메이꺼 컨츄랙(트)?**'로 자연스럽게 발음됩니다.

원어민 발음되기

스피킹 트레이닝 5번 반복 연습

영어 발음 튜닝법을 생각하며 다음의 표시에 따라 연습해 보세요.
( )는 묶어서 한 번에, 굵은 글씨는 문장 강세를 살려주는 부분입니다.

▲음원듣기

01. (I **want** to) (**have** a) **car**.

02. (They **go** to **America**) to (**make** a) **contract**.

03. (There are **many places**) to (**visit** in) **Korea**.

04. (**Not** to **buy** an **apartment**) is **one** of my **goals**.

05. (They **go** to **America**) **not** to (**make** a) **contract**.

06. (She **has** a **plan**) **not** to **travel next month**.

07. (Does Daniel **give** me a) **question** to **solve**?

08. (Do they **go** to **America**) to (**make** a) **contract**?

09. (Are there **many places**) to (**visit** in) **Korea**?

10. (**Why** did she **decide not** to) (**attend** the **meeting**)?

11. (She **wants** to) (**ask** you) about **school**.

12. (**To work**) with **Tom** (**makes** me) **happy**.

13. (It's **good**) to see you.

14. (Is there **anyone**) to (**ask** about) my **luggage**?

15. (Do you **have something**) to **drink**?

16. (I **have nothing**) to **do**.

17. (I **work**) to **make money**.

18. (She'll **go** to **New York**) to (**see** her **friend**).

19. (I **apply** for this **job**) to **do** (what I **want**).

20. (I **studied hard**) to (**pass** the **exam**).

문법 치트키 17

형용사로 표현하는
비교급과 최상급

비교급
- 형용사 + er + than
- more + 형용사 + than

최상급
- 형용사 + est
- the most + 형용사

더 나은 것과 최고를 말해주는
문법 치트키

🎯 학습 목표

- "Jane이 Tom보다 키가 더 커요.", "이 거리가 다른 거리보다 더 붐벼요."처럼 비교급 표현을 활용해서 말할 수 있어요.
- "이게 제가 산 코트 중에 제일 비싸요."처럼 최상급 표현을 활용해서 말할 수 있어요.

치트키 핵심 한눈에 보기

일상 생활에서 '더 크다'처럼 둘을 비교하거나, '가장 맛있다'처럼 여러 개 중 최고를 말하는 표현은 말에 생동감을 주고, 영어회화에서 자주 쓰이는 실전 치트키입니다. 데니쌤과 함께 치트키 핵심을 정복해 볼까요?

데니쌤과 함께 학습해 보세요 ▶

데니쌤의 치트키 정리 노트

	비교급	최상급
형태	❶ 형용사+er + than ❷ more + 형용사 + than	❶ the + 형용사+est ❷ the most + 형용사
용도	둘 비교	셋 이상 중 최고
의미	~보다 더 ~한	가장 ~한

데니쌤의 치트키 문장 노트

평서문	This car is faster than mine. 이 차는 내 차보다 빨라요.
부정문	This car is not faster than mine. 이 차는 내 차보다 빠르지 않아요.
의문문	Is this car faster than yours? 이 차가 네 차보다 더 빨라요?

평서문 말하기

Jane is taller than Tom.	Jane은 Tom보다 키가 더 커요.
Lucy is more beautiful than Rose.	Lusy는 Rose보다 더 아름다워요.
Rachel is the tallest in the/her class.	Rachel은 반에서 키가 가장 커요.

비교급은 두 대상을 비교할 때 사용하며, 형용사 뒤에 '-er'을 붙여 만들지만, 형용사가 길면 'more'를 붙여 표현합니다. 최상급은 여러 대상 중 하나가 가장 뛰어날 때 사용하며, 형용사 앞에 'the'와 '-est' 또는 'most'를 붙여 표현합니다.

더 알아보기

불규칙 비교급과 최상급

원급	비교급	최상급
good	better	best
bad	worse	worst
many/much	more	most
little	less	least

- This movie is **better than** the one we watched last week.
  이 영화는 우리가 지난주에 본 영화보다 더 좋아요.
- The weather is **worse** today **than** it was yesterday.
  오늘 날씨가 어제보다 더 나빠요.
- She has **the least** time of all. 우리 중에 그녀가 시간이 제일 없어요.
- He has **the most** friends among us.
  그는 우리 중에 친구가 가장 많아요.

영어 발음 튜닝하기

Jane is taller than Tom.

'Jane is'는 빠르게 발음하면 **'제이니즈'**처럼 들립니다. 'taller than'은 **'털럴 덴'**처럼 연음됩니다. 전체 문장은 **'제이니즈 털럴 덴 탐'**처럼 자연스럽게 이어집니다.

Lucy is more beautiful than Rose.

'more beautiful'은 **'모얼 뷰리풀'**로 부드럽게 발음되고, 'than Rose'는 **'덴 뤄우즈'**로 이어집니다. 이때, 'rose'는 'r' 소리를 발음할 때 입 모양이 '우' 소리를 내듯 동그랗게 되어 시작되기 때문에 처음에는 **'(우)로우즈'**로 연습하셔도 됩니다. 전체 문장은 **'루시이즈 모얼 뷰리풀 덴 뤄우즈'**로 발음합니다.

Rachel is the tallest in the/her class.

'Rachel is'가 문장 안에서 빠르게 이어질 때는 **'레이첼스'**처럼 들립니다. 'the tallest'는 **'더 털리스트'**로 발음합니다. 'in the class'는 **'인더 클래-스'**로 연결되지만, 'the' 소리는 거의 들리지 않을 정도로 빠르게 지나갑니다. 'her'가 사용될 경우 빠르게 **'이널 클래-스'**처럼 들립니다. 전체 문장은 **'레이첼스 더 털리스트 인더/이널 클래-스'**로 부드럽게 이어집니다.

부정문 말하기

This car is not faster than mine.	이 차는 내 차보다 빠르지 않아요.
Lucy is not more beautiful than Rose.	Lusy는 Rose보다 더 아름답지는 않아요.
Rachel is not the tallest in the/ her class.	Rachel이 반에서 가장 키가 크진 않아요.

비교급과 최상급의 부정문은 동사 뒤에 'not'을 붙여 만듭니다. 'be동사 + not, don't/doesn't 동사원형'으로 만듭니다.

더 알아보기

비교급과 최상급은 형용사뿐 아니라 부사에도 적용됩니다. 형용사는 사람이나 사물의 성질이나 상태를, 부사는 동사나 형용사 등을 수식할 때 사용됩니다.

- **She isn't more intelligent than her colleague.**
  그녀는 동료보다 더 똑똑하지는 않아요. ➜ 형용사의 비교급

- **I'm the most hardworking student in the class.**
  저는 반에서 가장 열심히 공부하는 학생이에요. ➜ 형용사의 최상급

- **He doesn't work more quickly than before.**
  그는 예전보다 더 빠르게 일하지는 않아요. ➜ 부사의 비교급

- **She speaks the most confidently in the group.**
  그녀는 그룹에서 가장 자신감 있게 말해요. ➜ 부사의 최상급

영어 발음 튜닝하기

This car is not faster than mine.

'This car is'는 '디스 카알 이즈'로 부드럽게 이어지고, 'not faster than'은 '낫 패스떨 덴'처럼 발음합니다. 'mine'은 명확하게 '마인'으로 발음되며, 전체 문장은 '디스 카알 이즈 낫 패스떨 덴 마인'으로 자연스럽게 이어집니다.

Lucy is not more beautiful than Rose.

'not more beautiful'은 '낫 모얼 뷰리풀'로 발음하는 것이 자연스럽습니다. 'beautiful'에서 'ti' 소리는 '티'가 아닌 '리'로 부드럽게 둥글려서 소리내는 것이 자연스럽습니다. 전체 문장을 살펴보면 '루시 이즈 낫 모얼 뷰리풀 덴 뤄우즈'로 전체를 부드럽게 한 호흡으로 연결할 수 있습니다.

Rachel is not the tallest in the/her class.

'is not the'를 한 호흡으로 발음하는 것이 문장의 의미를 전달하는 데 있어서 필요합니다. '레이첼 이즈 낫 더'로 부드럽게 연결이 되지만 'not'을 조금 강하게 말하면서 부정의 의미를 분명하게 전달할 수 있습니다. 전체 문장으로 적용해 보면 '레이첼 이즈 낫 더 털리스트 인더/이널 클래-스'처럼 발음할 수 있습니다.

의문문 말하기

Who is the most intelligent person in your class?	반에서 가장 똑똑한 사람이 누구예요?
Is Lucy more beautiful than Rose?	Lusy는 Rose보다 더 아름답나요?
Is Rachel the tallest in her class?	Rachel이 반에서 가장 키가 큰가요?

be동사가 주어 앞으로 이동하여 의문문을 구성합니다. 일반동사일 때는 do/does를 문장 맨 앞에 두고 의문문을 만듭니다.

더 알아보기

'~해본 것 중 가장 좋다'라는 의미를 표현할 때 최상급과 현재완료를 이용하여 표현합니다.

- **This is the best movie I've ever watched.**
  이건 제가 본 영화 중에서 제일 좋아요.
- **That was the most delicious meal I've ever had.**
  그건 제가 먹어본 것 중에서 가장 맛있는 음식이었어요.

영어 발음 튜닝하기

Who is the most intelligent person in your class?

'Who is'는 '**후이즈**'로 빠르게 발음되고, 'the most'는 '**더 모스트**'로 강세가 주어집니다. 'intelligent person'은 '**인텔리전트 펄슨**'에서 '**인텔리전트**'에 강세를 두고, 'in your class'는 '**인 열 클래-스**'로 자연스럽게 연결됩니다.

Is Lucy more beautiful than Rose?

이 문장에서 'Lucy'와 'beautiful'에 강세가 주어집니다. 'Is Lucy'는 빠르게 '**이즈 루시**'로 발음되고, 'more beautiful'에서 '**뷰리풀**'에 강세가 있어 '**모얼 뷰리풀**'로 발음됩니다. 'than Rose'는 '**덴 뤄우즈**'로 이어지며, 'rose'에도 약한 강세가 있습니다.

Is Rachel the tallest in her class?

'Rachel'과 'tallest'에 강세가 주어집니다. 'Is Rachel'은 '**이즈 레이철**'로 빠르게 발음되고, 'the tallest'는 '**털리스트**'에 강세를 두어 '**더 털리스트**'로 발음합니다. 'in her class'는 '**이널 클래스**'로 자연스럽게 이어지며, 'class'에 약한 강세가 있습니다.

원어민 발음되기

스피킹 트레이닝 5번 반복 연습

영어 발음 튜닝법을 생각하며 다음의 표시에 따라 연습해 보세요.
( )는 묶어서 한 번에, 굵은 글씨는 문장 강세를 살려주는 부분입니다.

▲음원듣기

01. (Jane is) **taller** than **Tom**.

02. (Lucy is) **more beautiful** than **Rose**.

03. (This book is) **easier** than **that book**.

04. (This car is) **not faster** than **mine**.

05. (Lucy is) **not more beautiful than Rose**.

06. (Rachel is) **not** the **tallest** (in **her class**).

07. (**Who** is the **most intelligent person**) (in your **class**)?

08. (Is Lucy **more beautiful**) than **Rose**?

09. (Is Rachel the **tallest**) (in **her class**)?

10. (This is) the **best movie** (I've **ever watched**).

11. (Is this **sofa more comfortable**) than that **one**? **No,** that **sofa** is **more comfortable**.

12. (This street is) **more crowded** than the **other street**.

13. (This is) the **most expensive coat** (I've **ever bought**).

14. (**Finding** a **job**) is **harder** than (**I thought**).

15. (**Sending** a **package**) by **ship** is **not cheaper**.

16. (This is) the **most expensive wine** (I've **ever tried**).

17. (**This project** is) **taking longer** than (we **expected**).

18. (This is) **the most detailed report** (I've **ever written**).

19. (This is) the **most beautiful city** (I've **ever visited**).

20. (His presentation was) **more persuasive** than the **others**.

12. Is she som/more compatible, than that one? No, that one is more compatible.

13. (This saree is) more elegant/less than this other saree.

14. (He is) the most ambitious man (I have) ever known.

15. Einstein is the greatest thinker I had thought.

16. Nothing is cheaper by shop/ ... shop.

17. She is the most expensive wife I have ever had.

18. He's heftier/taller than you expected.

19. This is the most detailed report I've ever written.

20. This is the most beautiful girl I've ever visited.

21. He presented more roses/petals/brasas than the others.

Part 2

데니쌤의 영어 패턴 치트키 30

I'm here to -

🔑 오늘의 패턴 치트키!

I'm here to - 패턴은 "저는 ~하러 왔어요"라는 뜻으로, 호텔, 식당, 공항, 관공서 등 낯선 장소에서 방문 목적을 자연스럽게 전달할 수 있는 만능 표현이에요. here은 '이곳에', to는 동작을 나타내는 동사와 함께 쓰여 '이곳에 온 이유'를 딱 한 문장으로 표현할 수 있습니다.

🔊 데니쌤의 스피킹 팁!

I'm here to -는 하나의 덩어리처럼 연결하여 말하고, to 뒤에 오는 동사에 살짝 힘을 주면 상대방이 내가 하고자 하는 행동을 더 잘 이해할 수 있어요.

Step 1 Pattern Practice

패턴 트레이닝 **10번 반복 연습**
❶ 천천히 따라 말하기   ○○○○○
❷ 스피킹 팁을 적용해서 말하기   ○○○○○

01. 주문한 음식 찾으러 왔어요.
   I'm here to pick up my order.

02. 짐을 미리 맡기러 왔어요.
   I'm here to leave my luggage early.

03. 이곳의 대표 메뉴를 먹어보려고 왔어요.
I'm here to try your signature dish.

04. 다른 비행기로 환승하러 왔어요.
I'm here to transfer to another flight.

05. 기념품을 사러 왔어요.
I'm here to buy some souvenirs.

06. 조식에 대해 문의하러 왔어요.
I'm here to ask about breakfast.

07. 서류 전하러 왔어요.
I'm here to drop off some documents.

08. 기차표를 변경하러 왔어요.
I'm here to change my train ticket.

09. 분실물 신고하러 왔어요.
I'm here to report a lost item.

10. 예약하려고 왔어요.
I'm here to make a reservation.

단어 배우기

order 주문한 것
souvenir 기념품
report 신고하다

luggage 짐, 여행가방
drop off 전달하다
reservation 예약

signature 대표적인
document 서류

Step 2　Real Talk

● 식당에서

> A　**Hello! Welcome to Joy's Kitchen.**
> 안녕하세요! 조이의 키친입니다.
>
> B　**I'm here to pick up my order.**
> 주문한 음식 찾으러 왔어요.
>
> A　**Sure! What's your name, please?**
> 네! 성함이 어떻게 되시죠?
>
> B　**It's Mina. I ordered salad and pasta.**
> 미나예요. 샐러드와 파스타 주문했어요.

🔍 더 알아보기　이렇게도 말해보세요!

1. I'm here for a pickup.
픽업하러 왔어요.

- pickup은 '픽업할 물건'이라는 의미의 명사로, 예약해둔 음식이나 물건을 받으러 왔을 때 간단하게 말할 수 있어요. 카페, 식당, 매장 등 일상에서 자주 사용하는 표현입니다.

2. I ordered online. I'm here to get it.
온라인 주문했어요. 받으러 왔어요.

- get it은 '그걸 받다'라는 뜻으로, 온라인이나 앱으로 미리 주문한 음식을 찾으러 왔을 때 이렇게 말해요. 상대방에게 조금 더 설명하는 느낌의 말투로 더 부드럽고 친근한 뉘앙스를 전달할 수 있어요.

❷ 쇼핑몰에서

A Hi! Can I help you with anything?
안녕하세요! 도와드릴까요?

B I'm here to buy some souvenirs.
기념품을 사러 왔어요.

A Whose souvenir are you looking for?
누구를 위한 기념품을 찾고 있나요?

B It's for my sister. She loves cute things.
제 여동생이요. 귀여운 걸 좋아해요.

🔍 더 알아보기 — 이렇게도 말해보세요!

1. **I'm looking for a souvenir.**
   기념품을 찾고 있어요.
   - look for는 '찾다'라는 뜻으로, 매장 안에서 물건을 둘러보는 중일 때 자주 사용합니다. 조금 더 느긋하고 탐색 중인 뉘앙스를 주며, 점원이 다가왔을 때 자연스럽게 말하기 좋은 표현이에요.

2. **I'm trying to find something special.**
   특별한 무언가를 찾고 있어요.
   - 아직 뭘 살지는 정하지 않았지만, 누군가를 위한 의미 있는 선물을 고민 중일 때 쓰기 좋아요. 말투가 부드럽고 여유 있는 뉘앙스를 주며, 원어민들이 선물 관련 쇼핑 상황에서 자주 사용하는 자연스러운 표현이에요.

패턴 치트키 02

I'm in the middle of –

🔑 오늘의 패턴 치트키!

I'm in the middle of – 패턴은 "~하는 중이에요"라는 뜻으로, 어떤 행동을 하고 있는 한가운데임을 자연스럽게 표현할 수 있습니다. 한창 바쁘게 뭔가를 진행 중이거나, 집중하고 있어서 방해받고 싶지 않을 때, 정중하면서도 명확하게 내 상태를 전달할 수 있는 만능 표현이에요. of 뒤에는 동명사(동사+ing) 형태가 꼭 와야 함을 기억해 주세요.

🔊 데니쌤의 스피킹 팁!

I am in은 am과 in을 붙여서 발음하고, of 역시 [f]를 너무 강하게 발음하지 않아도 돼요. [업] 정도로 가볍게 발음하면 자연스러워요.

Step 1 | Pattern Practice

패턴 트레이닝 **10번 반복 연습**
❶ 천천히 따라 말하기 ⭕⭕⭕⭕⭕
❷ 스피킹 팁을 적용해서 말하기 ⭕⭕⭕⭕⭕

01. 옷을 입어보는 중이에요.
    I'm in the middle of trying on some clothes.

02. 가격을 비교하는 중이에요.
    I'm in the middle of comparing the prices.

03. 이 근처를 둘러보는 중이에요.
I'm in the middle of exploring the area.

04. 서류 작성하는 중이에요.
I'm in the middle of filling out the form.

05. 제 차례 기다리는 중이에요.
I'm in the middle of waiting for my turn.

06. 표를 예매하는 중이에요.
I'm in the middle of booking a ticket.

07. 짐을 싸는 중이에요.
I'm in the middle of packing my suitcase.

08. 탑승 시간 기다리는 중이에요.
I'm in the middle of waiting for my boarding time.

09. 메시지 답장하는 중이에요.
I'm in the middle of replying to a message.

10. 뭘 먹을지 고르는 중이에요.
I'm in the middle of choosing what to eat.

단어 배우기

try on ~을 입어보다
fill out (서식을) 작성하다
pack (짐을) 싸다, 꾸리다

compare 비교하다
turn 차례
reply 답장을 보내다

explore 탐험하다, 둘러보다
book 예약하다, 예매하다

Step 2 Real Talk

❶ 관광지에서

A Where are you now?
지금 어디야?

B I'm in the middle of exploring the area.
이 근처를 둘러보는 중이에요.

A Anything interesting?
재밌는 거 있어?

B Yeah! I just found a local market.
응! 현지 시장을 발견했어.

🔍 더 알아보기 이렇게도 말해보세요!

1. **I'm walking around the neighborhood.**
   근처를 돌아보고 있어요.

   • walk around는 '이곳저곳을 걸어 다니다'라는 뜻으로, 관광지나 새로운 동네를 산책하듯 돌아볼 때 자주 쓰이는 표현입니다. 조금 더 가볍고 여유로운 뉘앙스를 줄 수 있어요.

2. **I'm checking out the local spots.**
   현지 명소들을 구경 중이에요.

   • check out은 '살펴보다, 구경하다'라는 뜻으로, 여행지나 도심 속 명소를 찾아다닐 때 원어민들이 자주 써요. 흥미롭고 활기찬 분위기를 줄 수 있고, 자연스럽고 캐주얼한 뉘앙스를 전달할 수 있답니다.

❷ 출장 중에

A **Can I talk to you for a moment?**
잠깐 얘기할 수 있을까요?

B **I'm in the middle of packing my suitcase.**
짐을 싸는 중이에요.

A **Oh, I see. When will you be free?**
아, 알겠어요. 언제 시간이 나요?

B **I'll be free in about 30 minutes.**
약 30분 후에 괜찮아요.

🔍 더 알아보기 이렇게도 말해보세요!

1. **I'm still getting things ready.**
   아직 이것저것 준비하고 있어요.

   - get things ready는 짐 싸기뿐 아니라 옷 고르기, 챙길 물건 정리하기 등 전체 준비 과정을 아우르는 표현이에요. 지금 짐은 싸는 중인데, 아직 끝은 아니고 이것저것 더 챙겨야 할 게 있을 때 자주 씁니다.

2. **I'm trying to finish packing.**
   이제 짐 다 싸려고 해요.

   - try to finish는 아직 다 안 끝났지만 얼른 마무리하려는 상황에서 쓰는 표현이에요. 출발 시간이 얼마 안 남았고, 지금 바쁘게 마무리 중일 때 자주 씁니다.

패턴 치트키 03

I'm not used to -

🔑 오늘의 패턴 치트키!

I'm not used to - 패턴은 "나는 ~하는 것에 익숙하지 않아요"라는 뜻으로, 낯선 환경, 익숙하지 않은 일, 서툰 상황을 자연스럽게 표현할 수 있는 만능 패턴입니다. used는 '어떤 것에 익숙해진 상태인'을 의미하고, 뒤에 오는 to는 전치사로서 반드시 명사나 동명사가 와야 해요.

🔊 데니쌤의 스피킹 팁!

부정을 말해주는 not은 길게 누르는 느낌으로 발음하면 의도가 분명하게 전달됩니다. used to의 경우 [d]를 발음하지 않고 바로 to로 연결하면 훨씬 자연스러운 발음이 돼요.

Step 1 · Pattern Practice

패턴 트레이닝 10번 반복 연습
❶ 천천히 따라 말하기 ⭕⭕⭕⭕⭕
❷ 스피킹 팁을 적용해서 말하기 ⭕⭕⭕⭕⭕

01. 이 지역에 익숙하지 않아요.
I'm not used to this area.

02. 면세점 쇼핑에 익숙하지 않아요.
I'm not used to duty-free shopping.

03. 이렇게 큰 인파에 익숙하지 않아요.
I'm not used to such a large crowd.

04. 혼자 여행하는 게 익숙하지 않아요.
I'm not used to traveling alone.

05. 제 생각을 공유하는 게 익숙하지 않아요.
I'm not used to sharing my ideas.

06. 이렇게 늦게까지 밖에 있는 게 익숙하지 않아요.
I'm not used to staying out this late.

07. 혼자서 길 찾는 게 익숙하지 않아요.
I'm not used to finding places on my own.

08. 낯선 사람들에게 길을 묻는 게 익숙하지 않아요.
I'm not used to asking strangers for directions.

09. 팁을 주는 문화에 익숙하지 않아요.
I'm not used to tipping.

10. 새로운 사람들과 어울리는 게 익숙하지 않아요.
I'm not used to socializing with new people.

단어 배우기

duty-free 면세의
stranger 낯선 사람
socialize 어울리다
crowd 사람들, 군중
direction 방향
stay out (밤에) 집에 안 들어오다
tip 팁을 주다

Step 2 Real Talk

❶ 길 찾는 중에

A You look a bit lost. Are you okay?
길 잃은 것 같아 보여요. 괜찮아요?

B Yeah... I'm not used to this area.
네... 이 지역에 익숙하지 않아서요.

A Where are you trying to go?
어디 가시려는 거예요?

B I'm looking for Green Plaza.
그린 플라자를 찾고 있어요.

🔍 **더 알아보기** 이렇게도 말해보세요!

1. I'm still getting used to this city.
아직 이 도시에 적응 중이에요.

- be used to는 '~에 익숙한 상태'를 말하지만, be getting used to는 '~에 익숙해지는 과정'을 말해줘요. 이 표현은 "아직은 낯설지만, 점점 익숙해지고 있어요"라는 부드럽고 긍정적인 뉘앙스를 전달합니다.

2. I haven't figured out this city yet.
아직 이 도시가 익숙하지 않아요.

- figure out은 '이해하다', '파악하다'라는 뜻으로, 아직 도시 구조나 이동 방법 등이 잘 감이 안 잡히고, 낯설다는 느낌을 줄 때 써요. "여전히 낯설고 정신이 없어요"라는 현실적인 상황을 솔직하게 말하는 표현이에요.

❷ 친한 친구와 대화 중에

A **Is everything okay?**
무슨 일 있어?

B **Sorry. I'm not used to sharing my ideas.**
미안해. 내 생각을 공유하는 게 익숙하지 않네.

A **You know you can talk to me anytime, right?**
언제든 나한테 얘기해도 된다는 거 알지?

B **Thanks for putting up with me.**
나 이해해줘서 정말 고마워.

더 알아보기 — 이렇게도 말해보세요!

1. **I'm still learning to open up about my ideas.**
   내 생각을 털어놓는 걸 연습 중이에요.

   - open up은 마음을 열고 감정이나 생각을 솔직하게 표현한다는 뜻이에요. 아직 익숙하지 않지만 노력하고 있다는 긍정적인 태도를 담고 있어요.

2. **It's not easy for me to talk about my thoughts.**
   제 생각을 말하는 게 쉽지 않아요.

   - 이 표현은 감정을 직접적으로 드러내기보다는 조심스럽고 부드럽게 말하고 싶을 때 잘 어울려요. 상대방에게 내 마음을 솔직히 털어놓는 것이 부담스럽거나 어색할 때 사용할 수 있는 표현입니다.

There's something wrong with −

🔑 오늘의 패턴 치트키!

There's something wrong with − 패턴은 "~에 문제가 있어요"라는 뜻으로, 무언가 잘못됐거나 이상하다고 느낄 때 정말 자주 쓰는 표현이에요. 물건, 상황, 시스템, 사람 등 어떤 대상에도 다 쓸 수 있어서 정말 유용한 만능 패턴이죠. 원어민도 일상에서 정말 자주 쓰며, 뭔가 이상한데 딱 집어 말하기 어려울 때 바로 이 패턴을 쓰면 돼요.

🔊 데니쌤의 스피킹 팁!

There's와 something은 [s] 소리를 한 번만 내며 부드럽게 연결하고, wrong에는 힘을 주어 발음하면 상대방이 문제 상황을 더 분명하게 알아차릴 수 있어요.

Step 1 Pattern Practice

패턴 트레이닝 **10번 반복 연습**   ❶ 천천히 따라 말하기   ⭕⭕⭕⭕⭕
　　　　　　　　　　　　　　　❷ 스피킹 팁을 적용해서 말하기 ⭕⭕⭕⭕⭕

01. 화면에 문제가 있어요.
　　There's something wrong with the screen.

02. 주문에 문제가 있어요.
　　There's something wrong with my order.

03. 제 콘서트 티켓에 문제가 있어요.
There's something wrong with my concert ticket.

04. 배송에 문제가 있어요.
There's something wrong with the delivery.

05. 이 상황이 뭔가 이상해요.
There's something wrong with this situation.

06. 받은 거스름돈에 문제가 있어요.
There's something wrong with the change I got.

07. 안내방송에 문제가 있어요.
There's something wrong with the announcement.

08. 유통기한에 문제가 있어요.
There's something wrong with the expiration date.

09. 화장실 문에 문제가 있어요.
There's something wrong with the bathroom door.

10. 제 신용카드에 문제가 있어요.
There's something wrong with my credit card.

단어 배우기

screen 화면
situation 상황
expiration date 유통기한
order 주문
change 거스름돈
credit card 신용카드
delivery 배송
announcement 안내방송

Step 2 Real Talk

❶ 엘리베이터에서

A Why aren't you answering my messages?
왜 내 메시지에 답 안 해?

B There's something wrong with the screen.
화면에 문제가 생겼어.

A Oh no, is it cracked?
헉, 깨졌어?

B Yeah, the touch isn't working properly.
응, 터치가 제대로 안 돼.

🔍 더 알아보기 — 이렇게도 말해보세요!

1. The screen isn't responding.
화면이 반응하지 않아요.

- respond는 '반응하다'라는 뜻으로, 전자기기 화면이 터치나 명령에 반응하지 않을 때 자주 쓰는 표현이에요. 단순히 "고장 났다"라고 말하는 대신, 지금 어떤 문제가 있는지 구체적으로 설명할 수 있어요.

2. My phone's acting weird.
내 폰이 이상하게 굴어요.

- act weird는 기계나 상황이 평소와 다르게 작동할 때 자주 쓰는 일상적인 표현이에요. 문제를 딱 집어 말하기 어려울 때 유용해요. 캐주얼한 말투로도 자주 들을 수 있답니다.

❷ 마트에서

A　Can I help you with anything else?
다른 도움이 필요하신가요?

B　There's something wrong with the expiration date. It's old.
유통기한에 문제가 있어요. 오래됐어요.

A　Oh, let me check that for you.
아, 제가 확인해드릴게요.

B　Thank you. I appreciate it.
감사합니다. 도와주셔서 고마워요.

🔍 더 알아보기 　이렇게도 말해보세요!

1. This item seems expired.
이 제품은 유통기한이 지난 것 같아요.

- seem은 '~처럼 보이다'라는 뜻으로, 뭔가 이상하긴 한데 확신이 없을 때 점원이나 직원에게 정중하게 문제를 알릴 수 있는 유용한 표현입니다. 너무 직설적이지 않아 상대방도 부담 없이 받아들일 수 있어요.

2. I think this product is out of date.
이 제품은 유통기한이 지난 것 같아요.

- out of date는 음식이나 약, 제품 등이 유통기한이 지났을 때 자주 쓰는 표현이에요. I think을 덧붙이면 내 생각이라는 점을 강조하면서도 말투가 부드러워져요. 일상에서 자연스럽고 정중하게 문제를 알릴 수 있어요.

패턴 치트키 05

Is there ~?

▲음원듣기

🔑 오늘의 패턴 치트키!

Is there ~? 패턴은 "~가 있나요?"라는 뜻으로, 무조건 'Do you have ~?'만 쓰는 게 아니라, '존재'에 포커스를 둔 표현이에요. 쇼핑이나 식당 등에서 특정 물건이나 메뉴가 있는지 물어볼 때 자주 사용합니다. 상대방에게 정중하게 정보나 상황을 확인할 수 있는 유용한 패턴이에요. 주로 단수 명사가 뒤에 오며, 복수를 묻고 싶을 땐 Are there ~?로 바꿔 쓰면 돼요.

📢 데니쌤의 스피킹 팁!

Is there를 붙여서 발음하시되, 뒤에 나오는 사물이나 사람을 강조하면, 무엇을 찾는지 정확하게 물어볼 수 있고 리듬도 좋아집니다.

Step 1 Pattern Practice

패턴 트레이닝 10번 반복 연습
❶ 천천히 따라 말하기 ○○○○○
❷ 스피킹 팁을 적용해서 말하기 ○○○○○

01. 빵이 남아 있나요?
Is there any bread left?

02. 여기 짐 보관소가 있나요?
Is there a luggage storage here?

03. 이 건물에 화장실이 있나요?
Is there a restroom in this building?

04. 글루텐 프리 제품 코너가 있나요?
Is there a section for gluten-free products?

05. 근처에 주차장이 있나요?
Is there a parking lot nearby?

06. 오늘 채소 할인하나요?
Is there a discount on vegetables today?

07. 이 도시에 꼭 가봐야 할 박물관이 있나요?
Is there a museum worth visiting in this city?

08. 호텔 근처에 지하철역이 있나요?
Is there a subway station near the hotel?

09. 오늘 비 올 가능성이 있나요?
Is there a chance of rain today?

10. 한국어 할 줄 아는 분 계신가요?
Is there anyone who speaks Korean?

단어 배우기

left 남은, 남아 있는
gluten-free 글루텐이 없는
luggage storage 짐 보관소
worth ~ing ~할 가치가 있는
section 코너, 구역
chance 가능성

Step 2 Real Talk

● 식품점에서

A **Hello! Can I help you find something?**
안녕하세요! 뭐 찾으시는 거 있으신가요?

B **Yes, is there a discount on vegetables today?**
네, 오늘 채소 할인하나요?

A **Yes, some are 20% off.**
네, 일부 품목은 20% 할인입니다.

B **Great! I'll take a look.**
좋네요! 한번 볼게요.

더 알아보기 — 이렇게도 말해보세요!

1. **Are there any specials on vegetables today?**
   오늘 채소 특별 할인 있어요?

   - specials는 슈퍼마켓이나 식당에서 할인 품목이나 특가 메뉴를 말할 때 자주 써요. discount보다 더 구어체이고 자연스러워요.

2. **Do you have any deals on vegetables today?**
   오늘 채소 할인 행사 있어요?

   - deal은 '할인, 행사'라는 의미로, 마트나 상점에서 고객이 혜택 여부를 물어볼 때 흔히 쓰여요. 실생활에서 자주 들을 수 있는 표현입니다.

❷ 여행 중에

A Are you looking for things to do in the city?
도시에서 할 만한 걸 찾고 계신가요?

B Is there a museum worth visiting in this city?
이 도시에서 꼭 가볼 만한 박물관이 있나요?

A Yes, the art museum is very popular.
네, 미술관이 아주 유명해요.

B That sounds great! I'll check it out.
좋네요! 한번 가볼게요.

더 알아보기 　 이렇게도 말해보세요!

1. Are there any must-see spots around here?

이 근처에 꼭 가봐야 할 명소가 있나요?

- must-see spots는 여행자들이 자주 쓰는 표현으로, '꼭 가야 하는 장소'라는 뜻이에요. 자연스럽고 편하게 추천을 물을 때 유용하게 쓸 수 있어요.

2. What's a good place to visit in this city?

이 도시에서 가볼 만한 좋은 곳이 어디예요?

- What's a good place to ~?는 현지인에게 추천을 정중하게 물어볼 때 자주 쓰는 표현이에요. 여행지에서 부담 없이 사용할 수 있어요. "이 도시에서 어디 가면 좋아요?"처럼 일상적인 뉘앙스로 전할 수 있습니다.

Can I get -?

🔑 오늘의 패턴 치트키!

Can I get -? 패턴은 "받을 수 있을까요?"라는 뜻으로, 일상에서 가장 자주 쓰이는 요청 표현 중 하나예요. 음식 주문, 좌석 배정, 서비스 요청 등 다양한 상황에서 바로 써먹을 수 있는 만능 표현으로, 음식점, 호텔, 공항, 카페 등 영어권에서 매일 사용됩니다.

데니쌤의 스피킹 팁!

Can I get은 연결해서 말하고, 요청하는 명사는 또렷하게 말하면 전달력이 높아져요. 끝에 please를 살짝 덧붙이면, 더 친절하고 공손한 인상을 줄 수 있어요.

Step 1 | Pattern Practice

패턴 트레이닝 10번 반복 연습
① 천천히 따라 말하기 ⭕⭕⭕⭕⭕
② 스피킹 팁을 적용해서 말하기 ⭕⭕⭕⭕⭕

01. 커피 한 잔 받을 수 있을까요?
Can I get a coffee?

02. 영수증 받을 수 있을까요?
Can I get a receipt?

03. 집까지 태워다 줄 수 있을까요?
Can I get a ride home?

04. 음료 리필 받을 수 있나요?
Can I get a refill on my drink?

05. 탑승권 받을 수 있나요?
Can I get a boarding pass?

06. 창가 자리를 받을 수 있나요?
Can I get a window seat?

07. 앞자리에 앉을 수 있나요?
Can I get a seat in the front row?

08. 수건 추가로 받을 수 있나요?
Can I get extra towels?

09. 이거 포장해 주실 수 있나요?
Can I get this to go?

10. 더 큰 방으로 업그레이드할 수 있을까요?
Can I get an upgrade to a bigger room?

단어 배우기

receipt 영수증
boarding pass 탑승권
to go 포장하다

ride 탈 것, 태워주기
row 줄

refill 리필
extra 추가의, 여분의

Step 2　Real Talk

● 레스토랑에서

A **Excuse me, can I get a refill on my drink?**
저기요, 음료 리필 좀 해주실 수 있나요?

B **Sure! Would you like the same thing?**
물론이죠! 같은 걸로 드릴까요?

A **Yes, another iced tea, please.**
네, 아이스티 한 잔 더 주세요.

B **You got it. I'll be right back!**
네. 금방 가져다 드릴게요!

더 알아보기 — 이렇게도 말해보세요!

1. Can I have a refill, please?
리필 좀 받을 수 있을까요?

- get 대신 have를 쓰면 의미는 같지만, 조금 더 정중하고 부드러운 느낌을 줍니다. 식당이나 카페에서 리필을 요청할 때 자연스럽게 쓸 수 있는 표현입니다.

2. Could I get another one, please?
하나 더 받을 수 있을까요?

- another one은 같은 걸 한 번 더 요청할 때 자주 쓰는 표현이에요. Could I ~?는 Can I ~?보다 더 공손한 표현이라, 부탁할 때 자주 쓰입니다.

❷ 공연장에서

A **Hi, can I get a seat in the front row?**
안녕하세요, 앞자리에 앉을 수 있을까요?

B **Let me check. We still have a few available.**
확인해 볼게요. 아직 몇 자리 남아 있어요.

A **Great! I'll take one, please.**
좋아요! 한 자리 주세요.

B **Sure! Here's your ticket. Enjoy the show!**
물론이죠! 티켓 여기 있습니다. 공연 즐겁게 보세요!

더 알아보기   이렇게도 말해보세요!

1. Do you have any seats near the front?
앞쪽 자리에 좌석 있나요?

- Do you have ~?는 좌석이나 물건처럼 상대방이 제공할 수 있는 것이 있는지 물어볼 때 자주 쓰는 표현이에요. 특히, near the front처럼 원하는 조건을 덧붙여 말할 수 있습니다.

2. Is it possible to sit in the front row?
앞줄에 앉을 수 있을까요?

- Is it possible to ~?는 무언가 가능한지를 정중하게 물어볼 때 자주 쓰이는 표현이에요. Can I sit ~?보다 공손한 느낌이라 공연장, 공항 등 공적인 장소에서 예의 있게 요청할 때 자주 씁니다.

▲ 음원듣기

Where can I -?

🔑 오늘의 패턴 치트키!

Where can I -? 패턴은 "어디에서 ~할 수 있나요?"라는 뜻으로, 길을 묻거나 장소를 찾을 때 정말 유용한 표현입니다. 여행지, 공항, 마트, 카페 등 처음 가본 장소에서 무엇을 하거나 이용할 수 있는 장소를 물어볼 때 자연스럽고 정중하게 쓸 수 있어요. 간단하면서도 실전에서 자주 쓰이는 필수 패턴이에요.

🔊 데니쌤의 스피킹 팁!

Where can I에서 can과 I를 빠르게 붙여 말하고, 동사 부분은 또렷하게 힘을 주면 리듬감이 생겨요. 말할 때 리듬이 살아나면 훨씬 더 자연스럽게 들려요.

Step 1 | Pattern Practice

패턴 트레이닝 **10번 반복 연습**
❶ 천천히 따라 말하기 ⭕⭕⭕⭕⭕
❷ 스피킹 팁을 적용해서 말하기 ⭕⭕⭕⭕⭕

01. 어디에서 주차할 수 있나요?
Where can I park?

02. 어디에서 체크인 할 수 있나요?
Where can I check in?

03. 어디에서 이거 계산할 수 있나요?
Where can I pay for this?

04. 어디에서 이거 입어볼 수 있나요?
Where can I try this on?

05. 어디에서 차를 빌릴 수 있나요?
Where can I rent a car?

06. 어디에서 휴대폰을 충전할 수 있나요?
Where can I charge my phone?

07. 어디에서 환전할 수 있나요?
Where can I exchange my money?

08. 어디에서 더 자세한 정보를 얻을 수 있나요?
Where can I get more information?

09. 어디에서 이걸 버릴 수 있나요?
Where can I throw this away?

10. 어디에서 공항 셔틀버스를 탈 수 있나요?
Where can I catch the airport shuttle?

단어 배우기

park 주차하다
rent 빌리다
throw ~ away ~을 버리다

check in 체크인하다
charge 충전하다
catch 타다

pay for ~을 계산하다
information 정보

Step 2 Real Talk

❶ 카페에서

A **Hi, where can I charge my phone?**
안녕하세요, 어디에서 휴대폰을 충전할 수 있나요?

B **There's a plug by the window.**
창문 옆에 콘센트가 있어요.

A **Awesome, thanks! I'll grab a seat over there.**
완전 좋아요, 고마워요! 거기 앉을게요.

B **No problem! Just let me know if you need anything else.**
천만에요! 다른 거 필요하시면 편하게 말씀 주세요.

더 알아보기 이렇게도 말해보세요!

1. Do you have an outlet I can use?
쓸 수 있는 콘센트 있나요?

- outlet은 미국식으로 콘센트를 뜻하며, 카페나 식당처럼 비교적 작은 매장에서 콘센트가 있는지 물어볼 때 사용합니다. 충전기를 가져왔고, 콘센트만 잠시 쓸 수 있는지를 묻는 상황에서 자주 쓰입니다.

2. Is there a charging station here?
여기 충전할 수 있는 곳이 있나요?

- charging station은 누구나 사용할 수 있는 충전 구역이나 충전 기기를 의미하며, 공용 충전 시설이 있는지를 물을 때 사용합니다. 주로 공항, 도서관, 쇼핑몰, 기차역 등 공공장소에서 자연스럽게 쓰입니다.

❷ 공항에서

A Excuse me, can I ask something?
실례지만, 하나 여쭤봐도 될까요?

B Sure! What do you need?
물론이죠! 무엇을 도와드릴까요?

A Where can I exchange my money?
어디에서 환전할 수 있나요?

B There's a bank around the corner.
모퉁이 돌아가면 은행이 있어요.

더 알아보기 이렇게도 말해보세요!

1. Is there a currency exchange nearby?
근처에 환전소 있나요?

- currency exchange는 공항이나 기차역에서 흔히 볼 수 있는 환전소를 뜻하며, 낯선 장소에서 위치를 물어볼 땐 Is there~ nearby? 표현이 가장 자연스럽고 실용적인 패턴 중 하나예요.

2. Where can I change some money?
어디서 돈을 환전할 수 있나요?

- change money는 일상적인 말투로 환전을 표현할 때 자주 쓰는 표현입니다. 공식적인 느낌의 exchange보다 부드럽고 편안해서, 외국인 관광객이 자주 찾는 장소에서 부담 없이 사용할 수 있어요.

패턴 치트키 08

Can you -?

🔑 오늘의 패턴 치트키!

Can you -? 패턴은 "~해 줄 수 있나요?" 또는 "~해 주세요"라는 뜻으로, 상대방에게 정중하게 요청하거나 부탁할 때 자주 쓰는 표현입니다. 식당, 공항, 호텔은 물론, 일상 속에서도 정말 많이 쓰여요. 요청하는 내용의 동사는 동사원형으로 말하면 됩니다.

🔊 데니쌤의 스피킹 팁!

요청의 핵심 동사에 가볍게 힘을 주어 말하면 내가 뭘 원하는지 상대가 바로 이해할 수 있어요. 말하고 싶은 중요한 단어를 강조해서 말하는 것, 그게 바로 원어민처럼 자연스럽게 말하는 팁이에요!

Step 1 Pattern Practice

패턴 트레이닝 **10번 반복 연습**
❶ 천천히 따라 말하기 ⚪⚪⚪⚪⚪
❷ 스피킹 팁을 적용해서 말하기 ⚪⚪⚪⚪⚪

---

01. 다시 말씀해주실 수 있어요?
Can you say that again?

02. 소금 좀 건네줄 수 있어요?
Can you pass the salt?

03. 이 지폐 잔돈으로 바꿔줄 수 있어요?
Can you break this bill?

04. 이거 선물 포장해줄 수 있어요?
Can you gift-wrap this?

05. 이거 다시 한번 확인해줄 수 있어요?
Can you double-check this?

06. 길 좀 알려줄 수 있어요?
Can you show me the way?

07. 이거 도와주실 수 있어요?
Can you help me with this?

08. 우리 사진 좀 찍어주실 수 있을까요?
Can you take a picture of us?

09. 조금만 깎아 주실 수 있나요?
Can you lower the price a little?

10. 이거 어떻게 쓰는지 보여주실 수 있나요?
Can you show me how to use this?

단어 배우기

pass 건네다
gift-wrap 선물용으로 포장하다
lower 낮추다

break the bill (지폐를) 잔돈으로 바꾸다
double-check 재확인하다

Step 2 Real Talk

● 관광지에서

A   Excuse me, can you take a picture of us?
저기요, 저희 사진 좀 찍어주실 수 있을까요?

B   Sure! Just press this button, right?
물론이죠! 이 버튼만 누르면 되죠?

A   Yes, thank you so much.
네, 정말 감사합니다.

B   No problem. You all look great. Say cheese!
천만에요. 다들 멋져요. 치즈!

더 알아보기 | 이렇게도 말해보세요!

1. **Would it be [Is it] okay if you took a picture for us?**
   저희 사진 좀 찍어주셔도 괜찮을까요?
   - 이 표현은 부탁에 앞서 상대의 의향을 먼저 묻는 느낌이라 훨씬 더 배려 깊게 들려요. 포멀하거나 조심스러운 상황에 딱 어울리는 표현이에요.

2. **Can you take one more, just in case?**
   혹시 모르니까 한 장만 더 찍어주실 수 있나요?
   - just in case는 "혹시 몰라서"라는 뜻으로, 사진 찍을 때 추가 컷을 부탁할 때 딱 좋은 표현입니다. 실전에서 정말 자주 쓰이니 꼭 기억해 두세요.

❷ 가게에서

A **Hi, can you gift-wrap this?**
안녕하세요, 이거 선물 포장해 주실 수 있을까요?

B **Of course. Is it for a special occasion?**
물론이죠. 특별한 날인가요?

A **Yes, it's a birthday gift.**
네, 생일 선물이에요.

B **Great! I'll wrap it up nicely for you.**
알겠습니다! 예쁘게 포장해 드릴게요.

더 알아보기 — 이렇게도 말해보세요!

1. **Could you wrap this as a gift?**
이거 선물용으로 포장해 주실 수 있나요?

- Could you ~?는 정중하게 부탁할 때 쓰는 공손한 표현이에요. as a gift를 덧붙이면 "선물용"이라는 의도가 분명하게 전달되고, 특히 백화점이나 선물 가게처럼 다양한 포장 옵션이 있는 곳에서 자주 쓰입니다.

2. **Is gift wrapping available?**
선물 포장 가능한가요?

- 직접 부탁하기보다 서비스 유무를 먼저 물어보는 형태예요. 백화점, 서점, 기념품숍처럼 정해진 포장 서비스가 있는 곳에서 자연스럽게 사용할 수 있습니다.

패턴 치트키 09

I'd like to -

🔑 오늘의 패턴 치트키!

I'd like to - 패턴은 "~하고 싶어요"라는 뜻으로, 내 의사를 정중하게 표현할 때 아주 유용한 표현이에요. 여기서 I'd는 I would의 축약형으로, 비슷한 표현인 I want to보다 더 공손하고 부드러운 느낌을 줘서, 식당, 호텔, 공항 등에서 요청할 때 자주 쓰입니다.

🔊 데니쌤의 스피킹 팁!

I'd는 [아드]처럼 발음되고, [d] 소리가 혀를 굴리듯 부드럽게 연결되어 한국어의 ㄹ 받침처럼 들립니다. 이런 연음 덕분에 I'd like to를 빠르게 말하면 [아를라잌투]처럼 자연스럽게 이어져요.

Step 1 Pattern Practice

패턴 트레이닝 10번 반복 연습
① 천천히 따라 말하기 ⭘⭘⭘⭘⭘
② 스피킹 팁을 적용해서 말하기 ⭘⭘⭘⭘⭘

01. 따로 계산하고 싶어요.
I'd like to pay separately.

02. 이 재킷을 입어보고 싶어요.
I'd like to try on this jacket.

03. 좌석을 바꾸고 싶어요.
I'd like to change my seat.

04. 공연 시간을 알고 싶어요.
I'd like to know the showtime.

05. 런치 세트를 주문하고 싶어요.
I'd like to order the lunch set.

06. 달리기 속도를 향상시키고 싶어요.
I'd like to improve my running speed.

07. 박물관 입장 티켓을 예약하고 싶어요.
I'd like to book a ticket for the museum.

08. 7시에 두 명 예약하고 싶어요.
I'd like to make a reservation for two at 7 p.m.

09. 복도 쪽에 앉고 싶어요.
I'd like to sit by the aisle.

10. 체크아웃 시간을 연장하고 싶어요.
I'd like to extend my checkout time.

단어 배우기

separately 따로
museum 박물관
extend 연장하다

showtime 공연 시간, 상영 시간
make a reservation 예약하다

improve 향상시키다
aisle 복도

Step 2 | Real Talk

❶ 매표소에서

A Hi, I'd like to know the showtime for tonight's movie.
안녕하세요, 오늘 밤 영화 상영 시간이 어떻게 되는지 알고 싶어요.

B We're showing Top Gun: Maverick at 9:00 p.m.
탑건: 매버릭은 오늘 밤 9시에 시작해요.

A Great. Do I need to book in advance?
좋네요. 미리 예약해야 하나요?

B Yes, spots fill up quickly on weekends.
네, 주말에는 자리가 빨리 차요.

🔍 더 알아보기 | 이렇게도 말해보세요!

1. I'm wondering what time the movie starts.
영화가 몇 시에 시작하는지 궁금한데요.

- I'm wondering ~은 영어에서 정말 부드럽고 정중한 표현이에요. "혹시 알려주실 수 있을까요?"처럼 완곡하게 물어볼 때 자주 사용합니다.

2. When does the next show start?
다음 상영은 언제 시작하나요?

- 특정 시간보다는 다음 순서를 알고 싶을 때 쓰기 좋은 표현이에요. 영화관 뿐 아니라 공연장, 박물관, 버스 투어처럼 순차적으로 운영되는 장소에서 실용적으로 쓸 수 있어요.

❷ 운동센터에서

A　How can I help you with your fitness goals?
피트니스 목표를 어떻게 도와드릴까요?

B　I'd like to improve my running speed.
저는 달리기 속도를 향상시키고 싶어요.

A　We can work on interval training.
인터벌 훈련을 할 수 있어요.

B　That sounds great, let's try it!
좋네요, 해봅시다!

더 알아보기 — 이렇게도 말해보세요!

1. **I'm trying to get faster at running.**
   달리기를 더 빠르게 하고 싶어서요.
   - I'm trying to ~는 어떤 목표를 향해 '지금 노력 중'이라는 뉘앙스를 줄 수 있습니다. 자신의 의지를 자연스럽게 표현하고 싶을 때 유용한 표현입니다.

2. **My goal is to run a 5km under 30 minutes.**
   제 목표는 5km를 30분 안에 뛰는 거예요.
   - My goal is to ~는 하고 싶은 일을 단순히 말하는 걸 넘어서, 뚜렷한 계획이나 다짐을 말할 때 사용합니다.

Do you mind if I -?

▲음원듣기

🔑 오늘의 패턴 치트키!

Do you mind if I -? 패턴은 "~해도 괜찮을까요?"라는 뜻으로, 정중하게 허락을 구할 때 쓰는 표현이에요. 공공장소나 낯선 사람에게 예의를 갖춰 말할 때 자주 쓰이죠. mind는 '신경 쓰다'라는 뜻으로, "~하면 불편하신가요?"로 해석돼요. 그래서 "No, not at all.", "Sure, go ahead." 같은 답이 허락의 의미라는 걸 기억해 두세요.
(No = 돼! / Yes = 안 돼)

🔊 데니쌤의 스피킹 팁!

문장이 길지만 if와 I를 붙여서 말하는 게 자연스럽고, 특히 mind와 if I 사이를 끊지 않고 부드럽게 이어주는 게 포인트예요.

Step 1   Pattern Practice

패턴 트레이닝 10번 반복 연습
❶ 천천히 따라 말하기   ⭕⭕⭕⭕⭕
❷ 스피킹 팁을 적용해서 말하기 ⭕⭕⭕⭕⭕

01. 제가 먼저 해도 괜찮을까요?
Do you mind if I go first?

02. 충전기 좀 써도 괜찮을까요?
Do you mind if I use your charger?

03. 친구를 데려와도 괜찮을까요?
Do you mind if I bring a friend?

04. 좌석 젖혀도 괜찮을까요?
Do you mind if I recline my seat?

05. 질문 하나 해도 괜찮을까요?
Do you mind if I ask you a question?

06. 예약 취소해도 괜찮을까요?
Do you mind if I cancel our reservation?

07. 조금만 더 있어도 괜찮을까요?
Do you mind if I stay a little longer?

08. 잠깐 나갔다 와도 괜찮을까요?
Do you mind if I step out for a moment?

09. 창문을 열어도 괜찮을까요?
Do you mind if I open the window?

10. 당신의 차를 운전해도 괜찮을까요?
Do you mind if I drive your car?

단어 배우기

charger 충전기
cancel 취소하다
step out 나가다

recline 비스듬히 기대다, 뒤로 넘어가다
stay 머물다
for a moment 잠깐동안

Step 2 Real Talk

❶ 기차에서

A   Excuse me, do you mind if I recline my seat?
저기요, 의자 좀 뒤로 젖혀도 괜찮을까요?

B   Not at all. Go ahead.
전혀요. 그렇게 하세요.

A   Thanks! I just need to stretch a little.
감사합니다! 몸을 좀 쭉 펴고 싶어서요.

B   No problem! Get comfortable.
괜찮아요! 편하게 앉으세요.

더 알아보기 — 이렇게도 말해보세요!

1. Is it okay if I recline my seat?
의자 좀 뒤로 젖혀도 괜찮을까요?

- Do you mind if ~? 대신 Is it okay if ~?를 써도 자연스럽고 공손한 표현이 됩니다. 의미는 거의 같지만, Do you mind ~?는 "No"라고 해야 허락하는 뜻이라는 점이 다릅니다.

2. Could you please put your seat upright?
당신의 시트를 똑바로 세워주실래요?

- 좌석을 너무 뒤로 젖힌 사람에게 정중하게 부탁할 때 쓰는 표현이에요. 착륙 전이나 식사 시간 외에도, 앞좌석이 너무 젖혀져 불편할 때 예의 있게 말할 수 있어요.

❷ 전화 중에

A **Hey, do you mind if I bring a friend to the party?**
있잖아, 파티에 친구 한 명 데려가도 괜찮을까?

B **Not at all! The more, the merrier.**
전혀! 많을수록 더 재밌지.

A **Awesome, thanks! She's super fun.**
우와, 고마워! 정말 재밌는 친구야.

B **Great! I can't wait to meet her!**
좋다! 빨리 만나보고 싶네!

더 알아보기 — 이렇게도 말해보세요!

1. **Is it all right if I bring a friend to the party?**
   파티에 친구 한 명 데려가도 괜찮아?

   - Is it all right if ~?는 상대에게 허락을 구할 때 쓰는 표현으로, 뭔가 해도 되는지 물어볼 때 원어민들이 자주 사용합니다.

2. **Would it be OK if I brought a friend to the party?**
   파티에 친구를 데려가도 괜찮을까요?

   - Would it be OK if ~?는 조금 더 공손하고 부드러운 표현으로, 특히 처음 물어보거나 예의를 갖추고 싶을 때 쓰기 좋아요. brought처럼 과거형을 쓰면 정중한 뉘앙스를 더해줍니다.

227

Do you have -?

🔑 오늘의 패턴 치트키!

Do you have -? 패턴은 "~있어요?"하고 물건이나 정보를 물어볼 때 쓰는 아주 기본적인 표현이에요. 가게에서 물건을 찾을 때, 식당에서 메뉴를 물어볼 때, 병원이나 공공기관에서도 자주 들을 수 있어요. 뒤에는 찾고 싶은 명사만 간단히 붙이면 됩니다.

🔊 데니쌤의 스피킹 팁!

Do you는 붙여서 마치 한 호흡에 말하듯 툭 내뱉듯이 흘려주고, 찾고 있는 단어는 귀에 꽂히게 또렷하게! 이 리듬을 기억하세요.

Step 1 Pattern Practice

패턴 트레이닝 **10번 반복 연습** ① 천천히 따라 말하기 ○○○○○
② 스피킹 팁을 적용해서 말하기 ○○○○○

01. 오트밀크 있어요?
    Do you have oat milk**?**

02. 신분증 갖고 계세요?
    Do you have your ID with you**?**

03. 이 신발 사이즈 40 있나요?
Do you have these shoes in size 40**?**

04. 영어로 된 안내 책자 있어요?
Do you have any brochures in English**?**

05. 추천할 만한 곳 있어요?
Do you have any recommendations**?**

06. 글루텐프리 음식 있어요?
Do you have any gluten-free dishes**?**

07. 견과류 없는 거 있어요?
Do you have anything without nuts**?**

08. 이 이름으로 예약이 되어 있나요?
Do you have a reservation under this name**?**

09. 마실 것 있어요?
Do you have anything to drink**?**

10. 뭐 할 일 있어요?
Do you have anything to do**?**

단어 배우기

ID 신분증 brochure 안내 책자 recommendation 추천
dish 음식 nuts 견과류
reservation under A A라는 이름으로 예약

Step 2 Real Talk

🟢 **맛집 추천 중**

A Do you have any recommendations for lunch places nearby?
근처에 점심 먹을 만한 장소로 추천할 곳 있어요?

B There's a place called Bella's Deli just around the corner.
모퉁이에 벨라델리라는 가게가 있어요.

A Oh, I've walked by it but never tried it.
오, 지나치기만 했지 가본 적은 없어요.

B It's pretty good and not too crowded.
괜찮고 사람도 많지 않아요.

🔍 더 알아보기 — 이렇게도 말해보세요!

1. Can you recommend any good lunch spots nearby?
근처에 점심 먹기 좋은 곳 추천해 주실 수 있나요?

- any good lunch spots는 '괜찮은 점심 먹을 만한 곳들'이라는 뜻이에요. spots는 places 대신 자주 쓰이는 말로, 특히 맛집이나 장소 추천할 때 자연스럽고 구어체 느낌을 줘요.

2. Do you know any good places for lunch around here?
이 근처에 점심 먹기 좋은 곳 알아요?

- Do you know ~ ?로도 점심 먹기 좋은 곳을 물어볼 수 있어요. 상황에 따라 do, can, could 같은 다양한 조동사로 자연스럽게 말할 수 있어요.

❷ 베이커리에서

A **I'm sorry but, I have a nut allergy.**
죄송하지만, 견과류 알레르기가 있어요.

B **Oh, thanks for letting me know.**
아, 알려주셔서 감사합니다.

A **Do you have anything without nuts?**
견과류 들어가지 않은 거 있나요?

B **Yes, we have a chocolate cake that's nut-free.**
네, 견과류가 들어가지 않은 초콜릿 케이크가 있어요.

더 알아보기 — 이렇게도 말해보세요!

1. **Could you recommend something without nuts?**
견과류 안 들어간 거 추천해 주실 수 있나요?

   - recommend는 '추천하다'는 뜻으로, something without nuts와 함께 쓰면 특정 조건에 맞는 음식을 정중하게 추천받을 때 유용한 표현이에요.

2. **Do you have anything with nuts?**
견과류가 들어간 음식/제품 있나요?

   - with nuts는 without nuts의 반대 표현으로, '견과류가 들어간'이라는 뜻이에요. 견과류가 포함된 음식을 찾을 때 사용할 수 있습니다.

Let me -

🔑 오늘의 패턴 치트키!

Let me - 패턴은 "제가 ~할게요" 또는 "~하게 해주세요"라는 뜻으로, 내가 뭔가를 직접 하겠다고 제안하거나 허락을 구할 때 자주 쓰는 표현이에요. 친근하면서도 자연스럽게 내 의사를 전달할 수 있어서, 일상 대화, 서비스 상황, 또는 공손한 제안에서 매우 자주 쓰여요. 뒤에는 동사원형이 바로 옵니다.

🔊 데니쌤의 스피킹 팁!

Let me는 원어민이 말할 때 종종 [렘미]처럼 들리지만, [렛]으로 발음해 주는 것이 좋습니다.

Step 1 — Pattern Practice

패턴 트레이닝 10번 반복 연습
① 천천히 따라 말하기 ○○○○○
② 스피킹 팁을 적용해서 말하기 ○○○○○

01. 내가 도와줄게요.
    Let me help you.

02. 폰 좀 가지고 올 게.
    Let me grab my phone.

03. 어떻게 생각하는지 알려줘.
Let me know what you think.

04. 수정 몇 개만 할게요.
Let me make a few changes.

05. 사진 찍어줄게요.
Let me take a picture of you.

06. 설거지 내가 할게요.
Let me do the dishes.

07. 주유는 내가 할게.
Let me fill up the tank.

08. 내가 그거 가져다줄게요.
Let me get that for you.

09. 이건 제가 맡을게요.
Let me handle this.

10. 이거 먼저 끝내고 할게요.
Let me finish this first.

단어 배우기

grab 붙잡다, 잡아채다
do the dishes 설거지하다
change 수정, 변화
fill up 채우다
take a picture 사진을 찍다
get 갖다, 가져다주다

Step 2 Real Talk

❶ 집 앞에서

A	**Are you ready to go?** 갈 준비 다 됐어?
B	**Almost!** 거의!
A	**Oh, wait! Let me grab my phone.** 아, 잠깐만! 폰 좀 챙길게.
B	**Alright, I'll wait by the door.** 응, 문 앞에서 기다릴게.

 더 알아보기   **이렇게도 말해보세요!**

1. **I should grab my phone.**
   폰 좀 챙겨야겠어.
   - Let me grab my phone과 비슷하게, 내가 직접 행동할 의지를 표현할 때 should를 써서 부드럽게 말할 수 있습니다.

2. **I'll get my phone real quick.**
   금방 폰 가져올게.
   - real quick은 '아주 잠깐, 금방'이라는 뜻으로, 원어민이 일상 대화에서 자주 쓰는 구어체 표현이에요. 가볍고 자연스러운 말투로 "금방 다녀올게"라는 느낌을 줄 수 있어요.

❷ 휴게소에서

A We're almost out of gas.
우리 기름 거의 떨어졌어.

B Yeah, I saw the warning light.
응, 경고등 켜진 거 봤어.

A Let me fill up the tank.
내가 주유할게.

B Alright, I'll grab some snacks inside.
좋아, 난 안에서 간식 좀 사 올게.

🔍 더 알아보기 — 이렇게도 말해보세요!

1. I'll pump some gas.
내가 주유할게.

- pump는 '주유하다'라는 뜻으로, Let me fill up the tank와 비슷하게 내가 직접 주유하겠다는 뜻을 자연스럽게 전할 수 있어요. 특히 미국에서 많이 쓰이는 표현이에요.

2. I'm going to fill up the car.
차 기름 채울게.

- 특히 여행이나 장거리 운전 중 "주유하러 갈게"라는 말을 할 때 많이 쓰이는 표현입니다. I'm going to ~를 쓰면 가까운 미래에 직접 하려는 행동을 말할 때 자연스럽고 확실한 뉘앙스를 줄 수 있어요.

패턴 치트키 13

I think -

🔑 오늘의 패턴 치트키!

I think - 패턴은 "내 생각엔 ~", "~라고 생각해요"라는 뜻으로, 의견이나 느낌을 말할 때 가장 기본이 되는 표현이에요. 대화 중 내 입장을 전하거나, 조심스럽게 의견을 꺼낼 때 자주 쓰이죠. 공식적인 상황은 물론, 친구와의 일상 대화에서도 부드럽게 말문을 열 수 있는 표현입니다.

🔊 데니쌤의 스피킹 팁!

I think는 원어민이 자주 쓰는 쿠션어로, 의견을 부드럽게 전달해주죠. 많은 원어민들은 I와 think를 붙여서 말하니 여러분들께서 붙여서 말해보시고, 뒤에 전하고 싶은 내용은 또렷하게 말해보세요. 조금 더 유창함을 원한다면, think 다음 주어도 붙여서 말해보세요.

Step 1   Pattern Practice

패턴 트레이닝 **10번 반복 연습**
❶ 천천히 따라 말하기 　 ○○○○○
❷ 스피킹 팁을 적용해서 말하기 ○○○○○

01. 저는 시도해볼 만하다고 생각해요.
I think it's worth a try.

02. 저는 우리 생각이 같다고 생각해요.
I think we're on the same page.

03. 여권을 보안검색대에 두고 온 것 같아요.
I think I left my passport at security.

04. 저는 그가 뭔가를 숨기고 있다고 생각해요.
I think he's hiding something.

05. 저는 우리가 시간이 부족하다고 생각해요.
I think we're running out of time.

06. 저는 그가 그걸 오해했다고 생각해요.
I think he took it the wrong way.

07. 저는 그게 없는 게 우리에게 더 낫다고 생각해요.
I think we're better off without it.

08. 저는 당신이 그녀와 직접 이야기해야 한다고 생각해요.
I think you should talk to her directly.

09. 나는 우리가 이것을 해야 한다고 생각해요.
I think we have to do this.

10. 나는 엘리베이터가 고장난 것 같아요.
I think the elevator isn't working.

단어 배우기

try 시도
hide 숨기다
on the same page 같은 마음인
run out of 다 써버리다, 없어지다
security 보안검색대
better off 더 나은

Step 2 Real Talk

● 공항에서

A **Are you ready to board?**
탑승할 준비됐어?

B **Wait… I think I left my passport at security.**
잠깐… 여권을 보안검색대에 두고 온 것 같아.

A **Oh no! Let's go check right now.**
헉! 지금 바로 확인하자.

B **I hope it's still there.**
아직 거기 있길 바라야지.

더 알아보기 — 이렇게도 말해보세요!

1. **I believe I left my passport at security.**
   여권을 보안검색대에 두고 온 것 같아.

   - think 대신 believe를 쓰면 같은 의미지만 조금 더 확신하거나 신중하게 말하는 뉘앙스를 줄 수 있어요. think만 쓰기 단조로울 때, 바꿔 써보면 좋습니다.

2. **I think I might have left my passport at security.**
   여권을 보안검색대에 두고 왔을지도 몰라.

   - might have p.p.는 '~했을지도 모른다'라는 뜻으로, 과거의 일을 추측하거나 불확실할 때 쓰는 표현이에요. I think와 같이 쓰면 더 조심스러운 뉘앙스를 더할 수 있어요.

❷ 독서모임 중에

A We still haven't talked about the ending.
우리 아직 결말에 대해서는 얘기 안 했어.

B Time flies when we start debating.
우리가 토론을 시작하면 시간 진짜 빨리 가.

A I think we're running out of time.
시간이 부족한 것 같아.

B Yeah, let's wrap up with our final thoughts.
그러게, 이제 마무리 의견 말하고 끝내자.

🔍 더 알아보기 — 이렇게도 말해보세요!

1. We're short on time.
우리 시간이 부족해.

- short on은 '~이 부족한'이라는 뜻으로, 시간이나 돈, 자원 등이 모자라거나 빠듯할 때 자주 쓰는 표현이에요. running out of time과 같은 의미로, 상황을 짧고 간단히 전할 수 있어요.

2. We don't have much time left.
우리 남은 시간이 많지 않아.

- don't have ~ left는 "~이 남아 있지 않다"는 뜻으로, 시간이나 물건, 기회가 얼마 안 남았을 때 쓰는 표현이에요. 일정을 서두르거나 마무리하자는 뉘앙스를 전할 수 있어요.

I'm looking for -

🔑 오늘의 패턴 치트키!

I'm looking for - 패턴은 "~을 찾고 있어요"라는 뜻으로, 필요한 걸 직접 찾거나 누군가에게 물어볼 때 잘 쓰입니다. 물건, 사람, 장소 다 OK! 말하고 싶은 걸 그냥 뒤에 붙이기만 하면 되니까 정말 간단하죠. 가게, 호텔, 길거리 어디서든 바로 쓸 수 있는 표현이에요.

🔊 데니쌤의 스피킹 팁!

I'm looking for-는 한 번에 말하고, 내가 찾는 대상 앞에서 살짝 pause(멈춤)를 주세요. 이렇게 말하면 리듬감이 훨씬 살아나요.

Step 1 Pattern Practice

패턴 트레이닝 10번 반복 연습　❶ 천천히 따라 말하기　○○○○○
　　　　　　　　　　　　　　❷ 스피킹 팁을 적용해서 말하기　○○○○○

01.　이 주소를 찾고 있어요.
　　　I'm looking for this address.

02.　매니저를 찾고 있어요.
　　　I'm looking for the manager.

03. 1터미널을 찾고 있어요.
I'm looking for Terminal 1.

04. 분실물 센터를 찾고 있어요.
I'm looking for the lost and found.

05. 강아지 산책시켜 줄 사람을 찾고 있어요.
I'm looking for a dog walker.

06. 두 명 자리를 찾고 있어요.
I'm looking for a table for two.

07. 거기에 더 빨리 갈 방법을 찾고 있어요.
I'm looking for a faster way to get there.

08. 저는 입양할 강아지를 찾고 있어요.
I'm looking for a puppy to adopt.

09. 저는 제가 원하는 것을 찾고 있어요.
I am looking for what I want.

10. 저는 어제 잃어버린 차 키를 찾고 있어요.
I am looking for my car key that I I lost yesterday.

단어 배우기

address 주소
dog walker 개 산책시키는 사람
lost and found 분실물 센터
get 도착하다
adopt 입양하다

Step 2 Real Talk

❶ 식당에서

A Hi, welcome! Do you have a reservation?
안녕하세요, 어서 오세요! 예약하셨나요?

B No, I'm looking for a table for two.
아니요, 두 명 자리를 찾고 있어요.

A No problem, please wait a moment.
네, 잠시만 기다려 주세요.

B Thank you!
감사합니다!

더 알아보기 | 이렇게도 말해보세요!

1. I'd like a table for two.
두 명 자리 부탁드립니다.

- I'd like는 '~하고 싶어요'라는 뜻으로, 식당에서 자리를 정중하게 요청할 때 쓰는 표현이에요. I'm looking for 대신 사용하면 조금 더 공손한 느낌을 줄 수 있습니다.

2. Could I get a table for two?
두 명 자리 받을 수 있을까요?

- Could I get ~ ?는 조금 더 조심스럽고 정중하게 요청할 때 쓰이는 표현이에요. 바로 자리를 요청하기보다는 예의 있게 물어보고 싶을 때 유용해요.

❷ 동물 보호소에서

A **What brings you here today?**
어떤 일로 오셨어요?

B **I'm looking for a puppy to adopt.**
입양할 강아지를 찾고 있어요.

A **Do you have any specific breed in mind?**
혹시 생각하고 있는 품종이 있나요?

B **I'm thinking of adopting a Great Dane.**
그레이트 데인을 입양할까 생각 중이에요.

더 알아보기 — 이렇게도 말해보세요!

1. I am searching for a puppy to adopt.
입양할 강아지를 찾고 있어요.

- I'm looking for ~ 대신 I am searching for ~을 쓰면 '찾고 있다'는 의미를 좀 더 강조하거나 격식 있게 표현할 수 있어요. 참고로 animal shelter 또는 stray dog shelter는 '유기견 보호소'를 뜻해요.

2. I am interested in adopting a puppy.
강아지 입양에 관심 있어요.

- be interested in ~은 '~에 흥미가 있다'라는 뜻의 숙어로, 입양에 관심이 있다는 의향을 자연스럽게 표현할 수 있어요. 그리고 '유기견'은 stray dogs 또는 abandoned dogs로도 표현할 수 있습니다.

▲ 음원듣기

I was wondering if −

🔑 오늘의 패턴 치트키!

I was wondering if − 패턴은 "~인지 궁금했어요", "혹시 ~해주실 수 있을까요?"처럼 정중하게 질문하거나 부탁할 때 자주 쓰는 표현이에요. wonder는 '궁금해하다'라는 뜻인데, 과거형(was wondering)을 쓰면 "지금 바로 묻는 게 아니라, 조금 전부터 궁금했어요"라는 완곡한 뉘앙스를 더해, 훨씬 부드럽고 공손하게 들립니다. 뒤에는 '주어 + 동사' 순으로 궁금한 내용을 말하면 돼요.

🔊 데니쌤의 스피킹 팁!

I was wondering if는 조금 천천히 그리고 고민하는 느낌으로 말해주시면, 원어민처럼 훨씬 자연스럽게 말하실 수 있습니다.

Step 1 Pattern Practice

패턴 트레이닝 **10번 반복** 연습
❶ 천천히 따라 말하기 ○○○○○
❷ 스피킹 팁을 적용해서 말하기 ○○○○○

01. 화가 나신 건 아닌지 궁금했어요.
   I was wondering if you're upset.

02. 이 자리에 사람 있는지 궁금했어요.
   I was wondering if this seat is taken.

03. 이 근처에 사시는지 궁금했어요.
I was wondering if you live around here.

04. 제가 뭔가 잘못 말했는지 궁금했어요.
I was wondering if I said something wrong.

05. 전화기 좀 빌릴 수 있을지 궁금했어요.
I was wondering if I could borrow your phone.

06. 그걸 다시 설명해 주실 수 있는지 궁금했어요.
I was wondering if you could explain that again.

07. 언제 커피 한잔하실 생각이 있으신지 궁금했어요.
I was wondering if you wanted to grab coffee sometime.

08. 그 제안에 여전히 관심이 있으신지 궁금했어요.
I was wondering if you're still interested in the offer.

09. 나는 당신이 그를 정말 좋아하는지 궁금했어요.
I was wondering if you really like him.

10. 당신이 여전히 미국에 머무는지 궁금했어요.
I was wondering if you still live in America.

단어 배우기

upset 화가 난
grab coffee 커피 한잔하다
borrow 빌리다
be interested in ~에 흥미가 있다
explain 설명하다
offer 제안

Step 2 Real Talk

● 카페에서

A Hey, I was wondering if this seat is taken.
안녕하세요, 이 자리 혹시 비어 있는지 궁금해서요.

B It isn't now. My friend just left.
지금은 비었어요. 제 친구 방금 갔거든요.

A Do you mind if I sit?
앉아도 괜찮을까요?

B Not at all. Go ahead!
전혀요. 앉으세요!

더 알아보기   이렇게도 말해보세요!

1. I was curious if this seat is available.
이 자리가 비어 있는지 궁금했어요.

- I was wondering if ~ 대신 I was curious if ~ 를 쓰면 '궁금하다'라는 느낌을 좀 더 직접적으로 표현할 수 있어요. 다양한 표현을 익혀 두면 스피킹 실력을 한층 업그레이드할 수 있습니다.

2. I wanted to know if this seat is taken.
이 자리가 비어 있는지 알고 싶었어요.

- 흔하게 쓰이는 표현으로, I wanted to know ~는 I was wondering if ~ 대신 쓸 수 있고, know라는 단어를 사용해 간단하게 물어볼 수 있어요.

❷ 고객센터에서

A **I'm really sorry about the mistake earlier.**
아까 실수에 대해 정말 죄송합니다.

B **It's okay, things happen.**
괜찮아요, 그럴 수도 있죠.

A **I was wondering if you're upset.**
화가 나신 건 아닌지 궁금했어요.

B **No, don't worry.**
I just hope it doesn't happen again.
아니에요, 괜찮아요. 다만 다시는 이런 일이 없었으면 해요.

🔍 더 알아보기   이렇게도 말해보세요!

1. I was really wondering if you were upset.
화가 나셨는지 정말 궁금했어요.

- I was wondering if ~ 에 really를 넣으면 진심으로 궁금하다는 느낌을 더할 수 있어요. 감정을 조금 더 강조하고 싶을 때 사용해 보면 좋아요.

2. I hope I didn't upset you.
제가 기분 상하게 한 건 아니길 바라요.

- 상대가 불쾌했을까 걱정될 때 쓰는 표현으로, 조심스럽게 감정을 살피며 사과의 뜻도 함께 전할 수 있습니다.

I didn't mean to –

🔑 오늘의 패턴 치트키!

I didn't mean to –는 "일부러 그런 건 아니었어요", "그럴 의도는 아니었어요"라는 뜻으로, 실수나 오해를 부드럽게 풀고 싶을 때 자주 쓰는 표현이에요. 실수했을 때나 상대방이 오해했을 때 진심을 담아 해명할 수 있는 표현입니다.

📢 데니쌤의 스피킹 팁!

내 의도가 그게 아니었다는 느낌을 살려야 해요. didn't 와 mean 부분을 조금 더 힘줘서 말하면, "그러려던 건 아니야!"라는 진심 어린 뉘앙스를 더 잘 전달할 수 있습니다.

Step 1 Pattern Practice

패턴 트레이닝 **10번 반복** 연습
❶ 천천히 따라 말하기 ○○○○○
❷ 스피킹 팁을 적용해서 말하기 ○○○○○

01. 늦으려던 건 아니었어요.
    I didn't mean to be late.

02. 무례하게 굴려던 건 아니었어요.
    I didn't mean to be rude.

03. 쳐다보려던 건 아니었어요.
    I didn't mean to stare.

04. 그걸 가져가려던 건 아니었어요.
    I didn't mean to take it.

05. 새치기하려던 건 아니에요.
    I didn't mean to cut in line.

06. 그 버튼 누르려던 건 아니었어요.
    I didn't mean to press that button.

07. 너를 소외시키려던 건 아니었어.
    I didn't mean to leave you out.

08. 기분 상하게 하려던 건 아니었어요.
    I didn't mean to offend you.

09. 비밀을 말하려던 건 아니었어요.
    I didn't mean to spill the secret.

10. 시간을 이렇게 오래 끌 의도는 아니었어요.
    I didn't mean to take so long.

단어 배우기

rude 무례한
press 누르다
stare 응시하다, 빤히 쳐다보다
leave out 소외시키다, 빼다
cut in line 새치기하다
offend 기분 상하게 하다

Step 2 Real Talk

● 헬스장에서

A **Hey, I was using that machine.**
저기요, 그 기구 제가 쓰고 있었어요.

B **Oh! I didn't mean to take it.**
I didn't see anyone around.
어머! 일부러 쓰려던 건 아니었어요. 아무도 없는 줄 알았어요.

A **No worries. I'm almost done.**
괜찮아요. 저도 거의 끝났어요.

B **Thanks! I'll wait.**
감사해요! 기다릴게요.

더 알아보기 — 이렇게도 말해보세요!

1. I thought it was available.
그거 비어 있는 줄 알았어.

- available은 '비어 있는, 사용 가능한'이라는 뜻으로, 누구도 사용 중이 아니라고 생각해 실수했을 때 쓸 수 있는 표현이에요. 특히 헬스장이나 도서관, 카페처럼 자리를 양보하거나 기구를 공유하는 상황에서 유용해요.

2. Sorry, I didn't realize you were using it.
미안해, 네가 쓰고 있는 줄 몰랐어.

- realize는 '깨닫다, 알아차리다'라는 뜻으로, 상대방의 상황을 미처 몰랐음을 사과할 때 자주 쓰는 표현이에요. 상대방이 사용 중인 물건을 실수로 쓰거나 자리를 차지했을 때 자연스럽게 사용할 수 있습니다.

❷ 키오스크 앞에서

A **This button is for staff assistance only.**
이 버튼은 직원 호출용이에요.

B **Oh no! I didn't mean to press it!**
헐! 그거 누르려던 건 아니었어요!

A **It's okay, it happens all the time.**
괜찮아요, 자주 있는 일이에요.

B **I thought it was the "next" button.**
'다음' 버튼인 줄 알았어요.

🔍 더 알아보기 　 이렇게도 말해보세요!

1. Sorry, I pressed it by mistake.
미안해, 실수로 눌렀어.

- by mistake는 '실수로'라는 뜻으로, 고의가 아니었음을 짧게 설명할 때 사용합니다. 버튼이나 화면을 잘못 눌렀을 때 자주 씁니다.

2. I didn't mean to hit that button.
그 버튼 누르려던 건 아니었어.

- hit은 '누르다, 치다'라는 뜻으로, 버튼을 잘못 눌렀을 때 press 대신 자주 쓰이는 구어체 표현이에요. 실수였음을 설명할 때 사용합니다.

How many – are there?

🔑 오늘의 패턴 치트키!

How many (복수명사) are there? 패턴은 "~이 몇 개 있나요?", "~이 얼마나 있나요?"라는 뜻으로, 수량을 물어볼 때 자주 쓰이는 가장 기본적인 표현이에요. 사람, 사물, 장소, 일정 등 셀 수 있는 명사와 함께 쓰이며, 일상, 여행, 업무 등 다양한 상황에서 사용합니다. 많은 분들이 어순을 헷갈려 하니, 이번 기회에 정확히 익혀서 사용해 보시길 바랍니다.

🔊 데니쌤의 스피킹 팁!

How many 복수명사 / are there ? 이렇게 2등분해서 말씀하시면, 조금 더 리듬감있게 사용하실 수 있습니다.

Step 1 — Pattern Practice

패턴 트레이닝 10번 반복 연습
❶ 천천히 따라 말하기 ⭕⭕⭕⭕⭕
❷ 스피킹 팁을 적용해서 말하기 ⭕⭕⭕⭕⭕

01. 사람이 몇 명이에요?
How many people are there?

02. 사이즈는 몇 가지가 있어요?
How many sizes are there?

03. 조각 몇 개야?
How many slices are there?

04. 며칠 남았어?
How many days are there left?

05. 조식 메뉴는 몇 가지가 있어요?
How many options are there for breakfast?

06. 방에 수건이 몇 개 있어요?
How many towels are there in the room?

07. 우리 앞에 사람 몇 명 있어요?
How many people are there ahead of us?

08. 답장해야 할 이메일이 몇 개야?
How many emails are there to reply to?

09. 이 아파트에는 몇 개의 방이 있나요?
How many rooms are there in this apartment?

10. 한국에는 몇 개의 도시가 있죠?
How many cities are there in Korea?

단어 배우기

slice 조각
ahead of ~앞에, ~보다 앞선

option 선택지
reply to ~를 답장하다

Step 2 Real Talk

❶ 결혼식 준비 중에

A **How many days are there left until the wedding?**
결혼식까지 며칠 남았어?

B **Just five!**
I can't believe the wedding is almost here.
딱 5일! 결혼식이 벌써 다가오다니 믿기지가 않아.

A **Are you ready for everything?**
준비는 다 됐어?

B **Almost. I'm still working on the wedding seating chart.**
거의. 아직 결혼식 좌석 배치표 정리 중이야.

더 알아보기 　 이렇게도 말해보세요!

1. **How soon is the wedding?**
   결혼식이 이제 얼마 안 남았지?

   • how soon은 '얼마나 임박했는지'를 물을 때 쓰는 표현이에요. 결혼식, 시험, 여행 등 가까운 미래에 있을 일이 얼마나 남았는지 물을 때 사용합니다.

2. **The wedding's coming up soon, right?**
   곧 결혼식이지, 맞지?

   • coming up은 '다가오고 있다'는 뜻으로, 다가오는 일정이나 이벤트를 말할 때 쓰는 표현이에요. 예정된 일이 가까워졌을 때 자주 쓰입니다.

❷ 맛집 앞에서

A **Wow, this line is long…**
와, 줄 진짜 길다…

B **How many people are there ahead of us?**
우리 앞에 몇 명 있어?

A **I think about ten or so.**
한 열 명쯤 되는 것 같아.

B **Not too bad. I guess we can wait!**
그렇게 길진 않네. 기다려도 되겠다!

더 알아보기 이렇게도 말해보세요!

1. **How many people are there behind us?**
우리 뒤에는 몇 명 있어?
   - behind us는 '우리 뒤에'라는 뜻으로, 앞사람 수뿐 아니라 뒤에 줄 선 사람 수를 물어볼 때 쓸 수 있는 표현이에요. at the back도 같은 의미로 사용할 수 있어요.

2. **How long will it take to get in?**
들어가는 데 얼마나 걸릴까?
   - How long will it take ~?는 시간 소요를 묻는 표현으로, 사람 수 대신 대기 시간을 알고 싶을 때 유용해요. 맛집, 공연장, 놀이공원 등 줄이 긴 상황에서 자주 쓰입니다.

패턴 치트키 18

I'll take -

🔑 오늘의 패턴 치트키!

I'll take - 패턴은 "~로 할게요", "~를 고를게요"라고 말하며, 물건을 고르거나 음식을 주문할 때 매우 유용해요. take는 다양한 뜻이 있지만, 일상에서는 "고르다, 구매하다"라는 의미로 자주 쓰여요. 이번 기회에 이런 실생활 표현을 익혀 두면 훨씬 자연스럽게 말할 수 있어요.

🔊 데니쌤의 스피킹 팁!

I'll은 I will의 축약형으로, [아일]처럼 한 단어로 자연스럽게 발음하고, take와 it을 붙여 [테이낏]으로 발음하면 훨씬 더 자연스럽습니다.

Step 1 | Pattern Practice

패턴 트레이닝 10번 반복 연습
① 천천히 따라 말하기 ⚪⚪⚪⚪⚪
② 스피킹 팁을 적용해서 말하기 ⚪⚪⚪⚪⚪

01. 이걸로 할게요.
    I'll take this one.

02. 포장할게요. / 테이크아웃 할게요.
    I'll take it to go.

03. 잠깐 쉴게요.
I'll take a break.

04. 그건 내가 처리할게.
I'll take care of it.

05. 이번엔 미룰게요. / 다음에 하죠.
I'll take a rain check.

06. 혹시 모르니까 우산 챙길게요.
I'll take an umbrella just in case.

07. 내가 잘못한 걸로 할게요. / 책임질게요.
I'll take the blame.

08. 그걸 칭찬으로 받아들일게요.
I'll take that as a compliment.

09. 나 이 방으로 할게요.
I'll take this room.

10. 그 제안 받아들일게요.
I'll take the offer.

단어 배우기

to go 포장하다
take a rain check 다음을 기약하다
blame ~을 탓하다

take care of 신경 쓰다, 관리하다
just in case 만일에 대비하여

Step 2 Real Talk

● 카페에서

A Hi there! What can I get for you today?
안녕하세요! 오늘 뭐 드릴까요?

B I'll have a vanilla latte, please.
바닐라 라테 하나 주세요.

A For here or to go?
매장에서 드시나요? 아니면 테이크아웃 하실까요?

B I'll take it to go.
테이크아웃 할게요.

더 알아보기 — 이렇게도 말해보세요!

1. **I'll have it to go.**
   테이크아웃으로 할게요.
   - have it to go도 음식이나 음료를 매장에서 먹지 않고 포장해 가겠다고 말할 때 쓰는 자연스러운 표현이에요.

2. **I'll take it away.**
   포장해 갈게요.
   - take away는 특히 영국, 호주 등에서 많이 쓰이는 표현으로, 미국식 "to go"와 같은 뜻이에요.

❷ 친구 집에서

A **Wow, you're way too organized.
Even your socks are color-coded!**
와, 너 진짜 너무 정리 잘한다. 양말도 색깔별로 정리했네!

B **What can I say? I like it.**
뭐 어쩌겠어. 난 이게 좋아.

A **It's kind of intense, though.**
근데 좀 과한 것 같긴 해.

B **Haha, I'll take that as a compliment.**
하하, 그걸 칭찬으로 받아들일게.

🔍 더 알아보기 — 이렇게도 말해보세요!

1. **I'll take that in a good way.**
   그걸 좋은 의미로 받아들일게.
   - take ~ in a good way는 상대방의 말을 긍정적으로 해석하겠다는 뜻으로, 농담이나 살짝 애매한 말을 좋게 반응하고 싶을 때 쓰는 표현이에요.

2. **I'll take that in a wrong way.**
   그걸 안 좋은 의미로 받아들일 수도 있어.
   - take ~ in a wrong way는 상대방의 말을 부정적으로 오해할 수 있다는 뜻이에요. 가벼운 농담이나 애매한 말을 들었을 때, 혹시 기분이 상할 수 있다는 뉘앙스를 전하고 싶을 때 쓸 수 있어요.

When does – start?

🔑 오늘의 패턴 치트키!

When does – start? 패턴은 "~은 언제 시작하나요?"라는 뜻으로, 시간이나 일정을 물어볼 때 자주 쓰이는 표현이에요. 일상에서 자주 쓰이는 표현이지만, 한국 사람들은 잘 사용하지 않는 경우가 많아 연습이 필요해요. 영화, 수업, 이벤트, 모임 등 시작 시간을 알고 싶을 때 매우 유용합니다.

🔊 데니쌤의 스피킹 팁!

뭐가 언제 시작하니?라는 질문으로 when과 핵심 내용 그리고 start가 명확히 들리게 말하는 것이 중요합니다.

Step 1 Pattern Practice

패턴 트레이닝 10번 반복 연습
① 천천히 따라 말하기 ⭕⭕⭕⭕⭕
② 스피킹 팁을 적용해서 말하기 ⭕⭕⭕⭕⭕

01. 영화는 언제 시작해요?
When does the movie **start?**

02. 너 휴가 언제 시작돼?
When does your vacation **start?**

03. 불꽃놀이 언제 시작해요?
    When does the fireworks show start?

04. 퍼레이드는 언제 시작해요?
    When does the parade start?

05. 블랙프라이데이 언제 시작해요?
    When does Black Friday start?

06. 수업 등록은 언제 시작하나요?
    When does the class registration start?

07. 비행기 탑승은 언제 시작돼요?
    When does the flight boarding start?

08. 관객 입장은 언제 시작해요?
    When does the audience entry start?

09. 수업은 언제 시작하나요?
    When does the class start?

10. 장마는 언제 시작하나요?
    When does the monsoon(rainy season) start?

단어 배우기

vacation 휴가
boarding 탑승
monsoon(rainy season) 장마
fireworks show 불꽃놀이
audience 관객
registration 등록, 등록 서류
entry 입장

Step 2 Real Talk

● 분수대에서

A **When does the fireworks show start?**
불꽃놀이 언제 시작해?

B **In about 30 minutes, I think.**
한 30분 뒤쯤일걸.

A **Let's lay out the blanket and get comfortable.**
돗자리 깔고 자리 잡자.

B **Good call. This spot has a great view!**
잘 생각했어. 여기 뷰 진짜 좋다!

더 알아보기 | 이렇게도 말해보세요!

1. **What time does the fireworks show begin?**
   불꽃놀이 몇 시에 시작해요?

   - start 대신 begin을 사용해도 같은 의미로, 시작 시간을 물을 때 자주 쓰는 표현이에요. 답변은 "It begins(starts) at 8 p.m."처럼 말하면 돼요.

2. **Do you know when the fireworks show is starting?**
   불꽃놀이 언제 시작하는지 알아?

   - Do you know when ~?은 정보에 대해서 바로 묻지 않고, 정보를 알고 있는지를 먼저 물어서 말투가 더 공손하게 들리는 표현입니다. 행사나 일정 등에 대해 질문할 때 자주 사용됩니다.

❷ 야외 공연장에서

A **When does the audience entry start?**
관객 입장은 언제 시작해?

B **The staff said they'll open the gates at 6:30.**
스태프가 6시 30분에 문 연다고 했어.

A **Then let's line up early.**
그럼 우리 일찍 줄 서자.

B **Good idea! I want to be close to the stage.**
좋아! 무대 가까이 있고 싶어.

더 알아보기 · 이렇게도 말해보세요!

1. **When can we go in?**
우리 언제 들어갈 수 있어?

   - 입장 시간을 간단하게 물을 때 쓰는 표현입니다. 특히 친근한 대화에서 자주 사용됩니다.

2. **Is entry open yet?**
입장 시작했어?

   - 입장이 이미 시작됐는지 확인할 때 쓰는 간단한 표현이에요. 공연, 행사, 영화관 등 실제 상황에서 자주 쓰입니다.

패턴 치트키 20

▲음원듣기

When can I -?

🔑 오늘의 패턴 치트키!

When can I - 패턴은 "언제 제가 ~할 수 있나요?"라는 뜻으로, 무언가를 하고 싶거나 필요할 때, 그 시점이나 가능 여부를 물어볼 때 자주 쓰이는 표현이에요. 일정 확인, 예약, 문의, 허락 요청 등 다양한 상황에서 활용할 수 있습니다. 이 패턴을 잘 익혀두면 상대방에게 구체적인 정보를 자연스럽게 물어볼 수 있어서 매우 유용해요.

🔊 데니쌤의 스피킹 팁!

When은 중요한 정보이니 정확하게 발음합니다. 그리고 can I를 붙여서 말을 하시면, 리듬감 있는 스피킹이 가능합니다.

Step 1 Pattern Practice

패턴 트레이닝 10번 반복 연습
❶ 천천히 따라 말하기   ⭕⭕⭕⭕⭕
❷ 스피킹 팁을 적용해서 말하기 ⭕⭕⭕⭕⭕

01. 언제 체크인할 수 있나요?
    When can I check in?

02. 입주는 언제 가능하나요?
    When can I move in?

03. 그거 언제 찾으러 갈 수 있나요?
When can I pick it up?

04. 무료 체험은 언제 시작할 수 있나요?
When can I start my free trial?

05. 서비스는 언제부터 이용할 수 있나요?
When can I start using the service?

06. 언제쯤 환불 받을 수 있나요?
When can I expect the refund?

07. 비자 신청은 언제 할 수 있나요?
When can I apply for the visa?

08. 언제 예약할 수 있나요?
When can I make an appointment?

09. 언제 투어를 시작할 수 있나요?
When can I start the tour?

10. 언제 공항 셔틀을 탈 수 있나요?
When can I take the airport shuttle?

단어 배우기

move in 입주하다
free trial 무료 체험
refund 환불

pick up 찾으러 가다, 데리러 가다
expect 기대하다
apply for 신청하다, ~에 지원하다

Step 2 Real Talk

● 부동산에서

A **I just finished signing all the paperwork.**
서류 작업은 전부 끝냈어요.

B **When would you like to move in?**
언제쯤 입주하고 싶으세요?

A **When can I move in?**
입주는 언제부터 가능하죠?

B **You can move in as early as next Tuesday.**
빠르면 다음 주 화요일부터 입주하실 수 있어요.

더 알아보기 — 이렇게도 말해보세요!

1. **When is the earliest I can move in?**
   가장 빨리 언제 입주할 수 있나요?

   • When is the earliest ~ ?는 '가장 빠른 시기'를 물어볼 때 쓰는 표현이에요. 특히, 부동산 계약 상황에 자주 사용해요. 추가로, How soon can I move in?은 얼마나 빨리 가능한지 물을 때 쓰입니다.

2. **When is the right time for me to move out?**
   언제 집을 빼는 게 좋을까요?

   • 좀 더 신중하고 공손하게 시기를 묻고 싶을 때 쓰는 표현이에요. 계약 종료나 이사 계획을 조율할 때 자주 사용됩니다.

❷ 환불 요청 중에

A **Oh, you canceled the order yesterday.**
어제 주문을 취소하셨네요.

B **Yes, when can I expect the refund?**
맞아요, 언제쯤 환불받을 수 있나요?

A **The money will be deposited into your account within 3 business days.**
영업일 기준 3일 이내에 통장으로 입금될 거예요.

B **Got it. I'll keep an eye on my bank app.**
알겠어요. 계좌 잘 확인해 볼게요.

더 알아보기 — 이렇게도 말해보세요!

1. When can I get my money back?
   언제 돈 돌려받을 수 있나요?

   - 조금 더 캐주얼하고 직설적으로 환불 시점을 묻는 표현이에요. 쇼핑, 서비스 해지, 환불 요청 등 일상생활에서 자주 쓰이며, 상대방에게 구체적인 환불 시기를 물어보고 싶을 때 유용합니다.

2. Could you tell me when I can get my money back?
   언제 환불받을 수 있는지 알려주실 수 있나요?

   - 더 공손하고 정중하게 물어보고 싶을 때 쓰이는 표현이에요. 비즈니스나 공식적인 상황에서 자주 사용됩니다.

패턴 치트키 21

I have to –

🗝️ 오늘의 패턴 치트키!

I have to – 패턴은 "~해야만 해요"라는 뜻으로, 의무, 필요성을 말할 때 쓰는 기본 표현이에요. have to는 must처럼 강한 의무를 나타내지만, should는 '하는 게 좋다' 정도의 권유 느낌이라, 덜 강한 표현입니다. 이 차이를 잘 이해하면 자연스러운 영어 대화에 큰 도움이 돼요.

📢 데니쌤의 스피킹 팁!

have to는 "~해야만 한다"는 뜻을 확실히 전달하기 위해 발음을 또렷하게 하고, 말할 때 살짝 강조해 주는 게 좋아요.

Step 1 | Pattern Practice

패턴 트레이닝 10번 반복 연습
❶ 천천히 따라 말하기 ⭕⭕⭕⭕⭕
❷ 스피킹 팁을 적용해서 말하기 ⭕⭕⭕⭕⭕

01. 이제 가야 해요.
I have to go now.

02. 이 전화 받아야 해요.
I have to take this call.

03. 몸 좀 만들어야 해.
I have to get in better shape.

04. 유산소 좀 해야 해.
I have to do some cardio.

05. 좀 생각해봐야 해.
I have to think about it.

06. 11시까지 체크아웃해야 해.
I have to check out by 11.

07. 오늘 밤까지 이걸 끝내야 해요.
I have to finish this by tonight.

08. 내일 일찍 일어나야 해요.
I have to wake up early tomorrow.

09. 저는 급한 전화를 해야 해요.
I have to make an urgent call.

10. 저는 내일 미국으로 출장을 가야 합니다.
I have to go to America for business tomorrow.

단어 배우기

take a call 전화를 받다   get in shape 좋은 몸을 유지하다
do cardio 유산소 하다   by tonight 오늘 밤까지   urgent 긴급한

Step 2　Real Talk

❶ 농구하면서

A　I got tired after just one game of basketball.
농구 한 게임만 했는데도 벌써 지쳤어.

B　Yeah, me too. I have to get in better shape.
나도 그래. 몸 좀 만들어야 해.

A　Same here. Let's start working out together.
나도야. 같이 운동 시작하자.

B　Sounds good. We can hit the gym this weekend.
좋아. 이번 주말에 헬스장 가자.

더 알아보기　이렇게도 말해보세요!

1. I should get in better shape.
나는 몸을 만들어야 해요.

- 같은 의미지만, '해야 한다'는 느낌을 조금 더 부드럽고 덜 부담스럽게 전할 수 있는 표현입니다.

2. I should get back in shape.
다시 몸을 만들어야겠어.

- get back in shape은 예전처럼 건강하거나 좋은 몸 상태로 돌아가겠다는 뜻이에요. 특히 오랜만에 운동을 다시 시작할 때 자주 쓰는 표현이에요.

❷ 워크숍에서

A What time do we have to leave the hotel?
호텔 몇 시에 나가야 해?

B We have to check out by 11.
11시까지 체크아웃해야 해.

A Okay, I'll start packing now.
알겠어, 지금 짐 쌀게.

B Great. I'll meet you in the lobby at 10:50.
좋아. 10시 50분에 로비에서 만나자.

🔍 더 알아보기 　 이렇게도 말해보세요!

1. Check-out time is 11.
체크아웃 시간은 11시예요.

- 같은 의미지만 더 간단하고 짧게 말하고 싶을 때 쓰는 표현이에요. 호텔이나 숙소에서 체크아웃 시간을 안내하거나 확인할 때 자주 쓰입니다.

2. Don't forget we have to check out by 11.
11시까지 체크아웃해야 하는 거 잊지 마.

- Don't forget ~은 해야 할 일을 강조하거나 상기시킬 때 쓰는 표현이에요. 같은 내용이라도 강조하고 싶을 때 유용해요.

You don't have to –

▲음원듣기

🔑 오늘의 패턴 치트키!

You don't have to – 패턴은 "~할 필요 없어"라는 뜻으로, 무언가를 하지 않아도 된다는 점을 말할 때 자주 쓰이는 표현이에요. 많은 사람들이 have to의 부정을 '~하지 말아야 한다'로 잘못 이해하기 쉬운데, 실제로는 '꼭 그럴 필요는 없다'라는 의미입니다. 이 차이를 잘 이해하면 더 자연스럽고 정확한 영어 표현을 구사할 수 있어요.

🔊 데니쌤의 스피킹 팁!

don't는 부정이므로 강조하고 '~할 필요없다'라는 편안한 느낌으로 말을 하시면, 충분히 자연스러운 스피킹이 가능합니다.

Step 1 Pattern Practice

패턴 트레이닝 10번 반복 연습
❶ 천천히 따라 말하기 ⚪⚪⚪⚪⚪
❷ 스피킹 팁을 적용해서 말하기 ⚪⚪⚪⚪⚪

01. 걱정하지 않아도 돼.
    You don't have to worry.

02. 서두를 필요 없어.
    You don't have to rush.

03. 차려 입을 필요 없어.
You don't have to dress up.

04. 지금 당장 대답 안 해도 돼.
You don't have to answer right now.

05. 아무것도 안 가져와도 돼.
You don't have to bring anything.

06. 완벽하려고 안 해도 돼. / 완벽할 필요 없어.
You don't have to be perfect.

07. 피곤하면 안 있어도 돼.
You don't have to stay if you're tired.

08. 여기서는 신발 벗을 필요 없어요.
You don't have to take off your shoes here.

09. 그렇게까지 열심히 할 필요 없습니다.
You don't have to work that hard.

10. 내일 안 오셔도 됩니다. / 오실 필요 없습니다.
You don't have to come tomorrow.

단어 배우기

worry 걱정하다
answer 대답하다
rush 서두르다
bring 가져오다
dress up 차려 입다
take off 벗다

Step 2 Real Talk

❶ 친구의 고백에

A **I've been meaning to tell you...**
I like you more than just a friend.
계속 말하고 싶었는데... 나 너를 그냥 친구 이상으로 좋아해.

B **Oh... I didn't see that coming.**
어... 그건 생각 못 했네.

A **It's okay. You don't have to answer right now.**
괜찮아. 지금 당장 대답 안 해도 돼.

B **Thanks... I just need a little time.**
고마워... 생각할 시간이 좀 필요해.

더 알아보기 이렇게도 말해보세요!

1. **You can take your time.**
   네 생각할 시간을 충분히 써.

   - 상대방에게 서두르지 말고 천천히 결정하거나 답하라고 배려할 때 쓰는 표현이에요. 고백, 사과, 곤란한 대화 등 부담스러운 상황에서 자주 사용됩니다.

2. **Feel free to get back to me later.**
   나중에 말해줘도 되니까 편하게 생각해.

   - Feel free to ~는 상대방에게 편안함을 주며, 부담 없이 행동해도 된다는 의미로 자주 쓰여요. 특히 '나중에 연락 줘도 된다'는 뉘앙스를 담고 싶을 때 유용한 표현이에요.

❷ 파티 중에

A You look a little tired. Are you okay?
좀 피곤해 보여. 괜찮아?

B Yeah, I'm just a bit drained from work.
응, 그냥 일이 많아서 좀 지쳤어.

**A It's totally fine.
You don't have to stay if you're tired.**
진짜 괜찮아. 피곤하면 안 있어도 돼.

B Thanks. I'll head out soon and get some rest.
고마워. 조금 있다가 가서 쉬어야겠다.

🔍 더 알아보기 | 이렇게도 말해보세요!

1. You're free to leave if you'd like.
가고 싶으면 편하게 가도 돼.

- You're free to ~는 상대방이 마음대로 선택할 수 있음을 나타내는 표현이에요. 눈치 보지 않고 행동해도 된다는 뜻을 전할 때 사용합니다.

2. You don't have to feel pressured to stay.
여기 있어야 한다는 부담을 느낄 필요 없어.

- You don't have to feel pressured to ~는 어떤 행동을 꼭 해야 한다고 부담 주지 않겠다는 뜻으로, 상대를 배려하며 말할 때 사용합니다.

Have you ever – ?

🔑 오늘의 패턴 치트키!

Have you ever –? 패턴은 "~해본 적 있어?"라는 뜻으로, 과거부터 지금까지의 경험을 물어볼 때 자주 쓰는 표현이에요. Did you ~?와 달리 단순히 과거 사실을 묻는 것이 아니라 "인생에서 한 번이라도 그런 적이 있어?"라는 뉘앙스를 담고 있어요. 이 차이를 이해하면 더 자연스럽고 정확하게 영어로 경험을 물어볼 수 있습니다.

🔊 데니쌤의 스피킹 팁!

이전 경험을 물을 때 쓰며, "예전에 ~해본 적 있어?"라는 느낌으로 말하면 좋아요. 또, Have you는 붙여서 한 덩어리처럼 발음하면 자연스러워요.

Step 1 | Pattern Practice

패턴 트레이닝 **10번 반복 연습**
❶ 천천히 따라 말하기 ⭕⭕⭕⭕⭕
❷ 스피킹 팁을 적용해서 말하기 ⭕⭕⭕⭕⭕

01. 그거 들어본 적 있어?
Have you ever heard of it?

02. 이거 전에 해본 적 있어?
Have you ever done this before?

03. 뉴욕 가본 적 있어?
Have you ever been to New York?

04. 이 영화 본 적 있어?
Have you ever seen this movie?

05. 이 앱 써본 적 있어?
Have you ever used this app?

06. 에어비앤비에서 지내본 적 있어?
Have you ever stayed at an Airbnb?

07. 드라마 정주행한 적 있어요?
Have you ever binge-watched a drama?

08. 첫눈에 반해본 적 있어요?
Have you ever fallen in love at first sight?

09. 전에 유명인을 만나 본 적 있어요?
Have you ever met any celebrities before?

10. 이 책을 읽어본 적이 있어요?
Have you ever read this book?

단어 배우기

heard of ~에 대해 듣다	app 애플리케이션	stayed at ~에 머물다
binge-watch 정주행하다	at first sight 첫눈에	celebrity 유명인

Step 2　Real Talk

● 여행 계획 중에

A　I'm thinking about booking an Airbnb for our trip.
우리 여행 때 에어비앤비 예약할까 생각 중이야.

B　Have you ever stayed at an Airbnb?
에어비앤비에서 지내본 적 있어?

A　No, it'll be my first time. I usually stay at hotels.
아니, 이번이 처음이야. 난 보통 호텔에서 자.

B　You'll love it. Some of them feel just like home.
분명 마음에 들 거야. 어떤 곳은 집처럼 편해.

더 알아보기　이렇게도 말해보세요!

1. Have you tried Airbnb before?
에어비앤비 써본 적 있어?

- Have you tried ~ before?는 전에 어떤 것을 경험해봤는지 물을 때 쓰는 표현이에요. 여행, 숙소, 음식, 앱 등을 이야기할 때 자주 사용됩니다.

2. Have you ever stayed in a guesthouse?
게스트하우스에서 지내본 적 있어?

- Airbnb 대신 다른 숙소 경험을 물어보고 싶을 때 유용한 표현이에요. 특히 여행 중 저렴한 숙소나 현지 분위기를 이야기할 때 자주 쓰여요.

❷ 로코 영화를 본 뒤

A **Do you believe in love at first sight?**
너 첫눈에 반하는 거 믿어?

B **Not really sure.**
Have you ever fallen in love at first sight?
글쎄, 잘 모르겠어. 넌 그런 적 있어?

A **Yeah, once. It just kind of happened.**
응, 한 번 있었어. 그냥 그렇게 되더라.

B **Huh, that's interesting.**
오, 신기하네.

더 알아보기 — 이렇게도 말해보세요!

1. **Have you ever had a crush on someone right away?**
   누군가에게 바로 반해본 적 있어?
   - have a crush on someone은 '누군가에게 반하다'는 뜻으로, 첫눈에 반하는 감정을 좀 더 캐주얼하고 일상적으로 표현할 때 원어민들이 자주 쓰는 표현이에요. 특히 친구끼리 연애 이야기를 할 때 잘 어울립니다.

2. **Have you ever met your perfect match?**
   천생연분을 만나본 적 있어?
   - perfect match는 '천생연분'이나 '운명적인 상대'를 뜻하는 표현으로, 연애나 이상형 이야기에서 원어민들이 일상에서 자주 사용하는 표현입니다.

This is the best - I've ever -

🔑 오늘의 패턴 치트키!

This is the best - I've ever - 패턴은 "이건 내가 지금까지 ~해본 것 중 최고야"라는 뜻으로, 단순히 "최고야!"라고만 말하는 것보다 훨씬 강렬하고 극적인 느낌을 주는 표현이에요. 음식, 여행지, 공연, 경험 등 원어민들이 일상에서 자주 사용하는 표현이기도 해요. 최상급(the best)과 현재완료(I've ever)의 조합으로 자연스럽고 임팩트 있게 말할 수 있어요.

🔊 데니쌤의 스피킹 팁!

the best는 강조하여 최고의 느낌을 표현하고, I've는 현재완료의 스피킹 팁을 적용해서 주어와 have를 축약해서 발음합니다.

Step 1 Pattern Practice

패턴 트레이닝 **10번 반복 연습**
❶ 천천히 따라 말하기   ⚪⚪⚪⚪⚪
❷ 스피킹 팁을 적용해서 말하기   ⚪⚪⚪⚪⚪

01. 지금까지 중 최고의 하루야.
This is the best day **I've ever** had.

02. 내가 본 풍경 중에 제일 멋져.
This is the best view **I've ever** seen.

03. 지금까지 타본 놀이기구 중 최고예요.
This is the best ride I've ever been on.

04. 내가 마셔본 커피 중에 제일 맛있어.
This is the best coffee I've ever tasted.

05. 지금까지 내가 먹어본 스테이크 중 최고예요.
This is the best steak I've ever eaten.

06. 내 인생 최고의 여행이야.
This is the best vacation I've ever taken.

07. 내가 가본 콘서트 중에 최고였어.
This is the best concert I've ever been to.

08. 지금까지 직관한 경기 중 최고예요.
This is the best match I've ever watched live.

09. 지금까지 들었던 강의 중에 최고예요.
This is the best class I've ever taken.

10. 지금까지 본 것 중 최고이자 가장 다이나믹한 매치예요.
This is the best and most dynamic match I've ever seen.

단어 배우기

view 풍경
vacation 여행
dynamic 역동적인

ride 놀이기구
match 스포츠 경기

taste 맛보다
live 생중계로, 현장에서

Step 2 Real Talk

❶ 테마파크에서

A **Oh my god, that was wild!**
와 대박, 진짜 미쳤어!

B **This is the best ride I've ever been on.**
지금까지 타본 놀이기구 중에 최고야.

A **I was screaming the whole time, but it was awesome.**
계속 소리 질렀는데, 진짜 재밌었어.

B **Let's do it again after lunch!**
점심 먹고 또 타자!

더 알아보기 | 이렇게도 말해보세요!

1. This is the craziest ride I've ever tried.
지금까지 타본 놀이기구 중에 제일 미쳤어.

- the craziest ride는 '최고' 대신 더 극적이고 강렬한 느낌을 주고 싶을 때 쓰기 좋은 표현이에요. 친구끼리 놀이기구 이야기할 때 아주 잘 어울려요.

2. This is the best attraction I've ever been on.
지금까지 즐겨본 것 중에 최고야.

- ride 대신 attraction을 쓰면 놀이기구뿐 아니라 쇼, 퍼레이드, 공연 등 즐길 수 있는 모든 콘텐츠를 넓게 포함해서 말할 수 있습니다.

❷ 스타디움에서

A　Wow, that last-minute goal was insane!
와, 마지막 순간 골 진짜 미쳤지!

B　I know, right? This is the best match I've ever watched live.
그니까! 지금까지 직관한 경기 중에 최고였어.

A　Same here. The crowd went crazy.
나도. 사람들이 완전 난리였어.

B　I'm so glad we came today.
오늘 오길 진짜 잘했다.

더 알아보기 — 이렇게도 말해보세요!

1. That was the best game I've ever seen live.
지금까지 생중계로 본 경기 중에 최고였어.

- 특히 경기나 공연을 관람했다는 뉘앙스를 말할 때 seen도 자주 쓰여요. 또 live 대신 in person을 쓰면 좀 더 명확하게 '직접 현장에서 본'이라는 의미를 담을 수 있어요.

2. I've never been to a game this exciting before.
지금까지 이렇게 흥미진진한 경기는 처음이야.

- have been to는 가 본 경험을 말할 때 자주 쓰입니다. this exciting은 a game을 뒤에서 감탄을 강조하고, before는 이전에는 없었다는 의미를 더해 지금의 경험이 특별함을 강조합니다.

I need to -

🔑 오늘의 패턴 치트키!

I need to - 패턴은 "나는 ~해야 해" 또는 "~할 필요가 있어"라는 뜻으로, 하고 싶은 일이나 반드시 해야 하는 일을 분명하게 말할 때 원어민들이 자주 쓰는 표현이에요. have to와 비슷하지만, I need to -는 특히 개인적인 무언가를 해야 할 때 자주 쓰여 내 의지나 필요성을 더 잘 전달할 수 있어요.

🔊 데니쌤의 스피킹 팁!

"~해야 해"라는 느낌을 살리기 위해 need를 강조해 주고, to 뒤의 동사원형도 함께 강조하면 need to 뉘앙스를 극대화할 수 있습니다. need to를 붙여서 to 연음도 도전해 보세요.

Step 1 Pattern Practice

패턴 트레이닝 10번 반복 연습
1. 천천히 따라 말하기   ○○○○○
2. 스피킹 팁을 적용해서 말하기   ○○○○○

01. 시간 맞춰 가야 해.
    I need to be on time.

02. 결정 내려야 해.
    I need to make a decision.

03. 수하물 찾아야 해요.
    I need to find my baggage.

04. 고민 그만해야 해.
    I need to stop overthinking.

05. 내가 진짜 뭘 원하는지 알아봐야 해.
    I need to figure out what I really want.

06. 화장실 빨리 찾아야 해요.
    I need to find a restroom quickly.

07. 사진 촬영이 가능한지 물어봐야 해요.
    I need to ask if photos are allowed.

08. 거기 어떻게 가는지 알아봐야 해요.
    I need to figure out how to get there.

09. 이거 제가 처리해야 해요.
    I need to take care of this.

10. 결정하기 전에 두 번 생각해야 해요.
    I need to think twice before making a decision.

단어 배우기

on time 정해진 시간에 딱 맞게, 제시간에
overthink 너무 많이 생각하다
allow 허락하다

make a decision 결정을 내리다
figure out 알아내다

Step 2 Real Talk

❶ 공항에서

A **Did you check a bag?**
수하물 부쳤어?

B **Yeah, I need to find my baggage first.**
It's plain white, so it should be easy to spot.
응, 먼저 내 짐부터 찾아야 해. 그냥 하얀색이라 금방 보일 거야.

A **I only brought a carry-on.**
난 기내용만 가져왔지.

B **Help me find mine.**
내 것도 같이 좀 찾아줘.

더 알아보기 — 이렇게도 말해보세요!

1. I need to get my baggage.
내 짐을 찾아야 해.

- get은 find 대신 쓸 수 있는 표현으로, 조금 더 캐주얼하고 자연스러운 회화체 표현이에요. 원어민들이 일상적으로 자주 사용합니다.

2. I'm trying to find my baggage.
지금 내 짐 찾고 있는 중이야.

- be trying to ~는 "~하려고 하는 중이다"라는 뜻으로, 지금 수하물을 찾고 있다는 상황을 표현할 때 쓸 수 있어요. 원어민들이 상황 설명할 때 자주 쓰는 자연스러운 표현이에요.

❷ 전시회에서

A **Wow, this place looks amazing!**
와, 여기 진짜 멋지다!

B **Yeah, but I need to ask if photos are allowed.**
응, 근데 사진 찍어도 되는지 물어봐야 해.

A **Good idea. Some places don't allow cameras.**
잘 생각했네. 어떤 곳은 카메라 안 되는 데도 있잖아.

B **I'll check with the staff before we go in.**
들어가기 전에 직원한테 물어볼게.

더 알아보기 — 이렇게도 말해보세요!

1. **I need to check if it's okay to take photos.**
   사진 찍어도 되는지 확인해야 해.
   - check if ~은 어떤 사실이나 규정 관련하여 '~인지 아닌지 확인하다'라는 의미로, ask 대신 자주 쓰이는 표현이에요. 좀 더 부드럽고 덜 직접적으로 들려서 공손한 느낌을 줄 수 있어요.

2. **I need to find out whether photos are allowed.**
   사진 촬영이 허용되는지 알아봐야 해.
   - find out은 '알아보다, 알아내다'라는 뜻으로, 규칙이나 정보를 파악하고자 할 때 자주 쓰이는 동사예요. whether를 쓰면 문장이 더 격식 있게 들리며, 공식적인 상황에서도 쓸 수 있습니다.

패턴 치트키 26

I don't know how to –

🔑 오늘의 패턴 치트키!

I don't know how to – 패턴은 단순히 "몰라요"라고 끝내는 게 아니라, 구체적으로 "무엇을 어떻게 해야 할지 모른다"고 표현할 때 쓰이는 유용한 문장입니다. 일상 대화, 업무, 여행 등 여러 상황에서 내 상황을 더 자세히 설명할 수 있어서 자주 연습해 두면 좋아요.

🔊 데니쌤의 스피킹 팁!

2가지 옵션이 있습니다. don't를 연음으로 처리해 I don't know how to를 한 덩어리처럼 묶거나, don't를 살짝 강조해서 리듬감을 주면, 모른다는 느낌을 더 강하게 전달할 수 있어요.

Step 1 Pattern Practice

패턴 트레이닝 10번 반복 연습
❶ 천천히 따라 말하기   ⭕⭕⭕⭕⭕
❷ 스피킹 팁을 적용해서 말하기   ⭕⭕⭕⭕⭕

01. 운전할 줄 몰라.
    I don't know how to drive.

02. 이걸 어떻게 말해야 할지 모르겠어.
    I don't know how to say this.

03. 거절을 어떻게 해야 할지 모르겠어.
I don't know how to say no.

04. 어떻게 시작해야 할지 모르겠어.
I don't know how to get started.

05. 스트레스를 어떻게 관리해야 할지 모르겠어.
I don't know how to handle stress.

06. 그걸 어떻게 받아들여야 할지 모르겠어.
I don't know how to feel about it.

07. 이걸 어떻게 처리해야 할지 모르겠어.
I don't know how to deal with this.

08. 이거 어떻게 발음해야 할지 모르겠어.
I don't know how to pronounce this.

09. 서울에 어떻게 가야 하는지 모르겠어.
I don't know how to get to Seoul.

10. 어떻게 헤어지자고 해야 할지 모르겠어.
I don't know how to break up with my boyfriend.

단어 배우기

drive 운전하다
handle 관리하다, 다루다
say no 거절하다
deal with 처리하다, 다루다
get started 시작하다
pronounce 발음하다

Step 2　Real Talk

🟢 **여행 계획 중에**

A **Why don't you just rent a car for the trip?**
여행 가는데 차를 빌리는 게 어때?

B **I don't know how to drive. I don't have a license.**
나 운전할 줄 몰라. 면허도 없어.

A **Seriously? You're over 30!**
진짜야? 너 30살 넘었잖아!

B **I tried learning, but I panicked during parking practice and gave up.**
배우긴 했는데, 주차 연습하다 멘붕 와서 포기했어.

🔍 **더 알아보기**　**이렇게도 말해보세요!**

1. **I've never learned how to drive.**
   운전 배운 적이 없어.

   - I have never learned how to ~는 "~배워본 적이 전혀 없다"라는 뜻으로, 운전 경험이 없다는 점을 강조할 때 자주 쓰이는 표현이에요. 원어민들이 자신의 경험을 말할 때 흔히 사용해요.

2. **I'm not comfortable driving.**
   운전하는 게 자신 없어.

   - 운전을 "아예 못 한다"기보다는, 자신감이 없거나 두렵다는 뉘앙스를 담고 싶을 때 유용해요.

❷ 동료와 대화 중에

A **Wait, you're helping her with that report too?**
잠깐, 너 걔 보고서도 도와주는 거야?

B **Yeah… I don't know how to say no.**
응… 거절을 어떻게 해야 할지 모르겠어.

A **You're not her coworker, you're her assistant.**
너 동료가 아니라, 거의 비서야.

B **I know… I seriously need to set some boundaries.**
나도 알아… 진짜 선 좀 그어야겠어.

더 알아보기 — 이렇게도 말해보세요!

1. **I'm not sure how to say no.**
   거절을 어떻게 해야 할지 잘 모르겠어.

   - I don't know how to ~ 대신 쓸 수 있는 표현으로, 조금 더 부드럽고 완곡하게 말하고 싶을 때 자주 쓰여요. 특히 거절이 어려운 상황에서 원어민들이 흔히 사용해요.

2. **I'd love to, but I can't.**
   그러고 싶지만, 할 수 없어.

   - 이 표현은 상대의 부탁을 정중하게 거절할 때 자주 쓰여요. 또는 I wish I could, but it's not possible right now.(하고 싶지만, 지금은 불가능해.) 라고 하면 거절의 이유를 자연스럽게 덧붙일 수 있어요. 원어민들이 공손하게 거절할 때 흔히 사용하는 표현입니다.

Is it possible to -?

🔑 오늘의 패턴 치트키!

Is it possible to - ? 패턴은 "~하는 것이 가능할까요?" 또는 "~해 주실 수 있을까요?"라는 뜻으로 상대방에게 부탁하거나 가능 여부를 묻고 싶을 때, 직접적이지 않게 부드럽게 물어볼 수 있는 표현이에요. 내 질문이 너무 딱딱하거나 부담스럽게 들릴까 걱정될 때, 이 패턴을 쓰면 더 공손하고 신중하게 들려요. 일상 대화뿐 아니라 여행, 비즈니스, 공공장소 등 다양한 상황에서 매우 유용해요.

🔊 데니쌤의 스피킹 팁!

Is it은 자연스럽게 붙여서 말하고, possible은 살짝 강조하면 의미가 더 또렷하게 들려요. 그리고 to 뒤에는 구체적으로 무엇을 원하는지를 강조해서 말해 주면 더 정확하고 자연스러운 스피킹이 돼요.

Step 1 Pattern Practice

패턴 트레이닝 10번 반복 연습
❶ 천천히 따라 말하기   ○○○○○
❷ 스피킹 팁을 적용해서 말하기 ○○○○○

01. 이거 입어보는 게 가능할까요?
    Is it possible to try this on?

02. 할인 받을 수 있을까요?
    Is it possible to get a discount?

03. 주문 변경하는 게 가능할까요?
Is it possible to change my order?

04. 이거 덜 맵게 가능할까요?
Is it possible to make it less spicy?

05. 예약 취소할 수 있을까요?
Is it possible to cancel my reservation?

06. 이거 기내 반입 가능한가요?
Is it possible to take this on the plane?

07. 오늘 재택근무 가능한가요?
Is it possible to work from home today?

08. 여기에 밤새 주차해도 되나요?
Is it possible to park here overnight?

09. 이걸 다음 주까지 연기를 해도 될까요?
Is it possible to push it back to next week?

10. 이걸 수요일로 앞당겨도 될까요?
Is it possible to move it up to Wednesday?

단어 배우기

get a discount 할인을 받다
work from home 재택근무하다

spicy 매운
park 주차하다

cancel 취소하다
move up 앞당기다

Step 2 　 Real Talk

❶ 식당에서

A　Hi, I'd like to order the kimchi stew.
안녕하세요, 김치찌개 하나 주문할게요.

B　Sure! Would you like it spicy?
네! 매운맛 괜찮으세요?

A　Actually, is it possible to make it less spicy?
사실, 덜 맵게 해주는 게 가능할까요?

B　Of course! I'll let the kitchen know.
물론이죠! 주방에 말씀드릴게요.

더 알아보기　이렇게도 말해보세요!

1. Can you make it less spicy?
덜 맵게 해주실 수 있나요?

- Is it possible to ~? 보다 더 간단하고 직설적인 표현이에요. 식당, 카페 등에서 맛의 강도나 조절을 부탁할 때 자주 써요. less는 '덜'이라는 뜻이고, 반대로 more는 '더'라는 뜻이에요. 맛이나 양을 줄이거나 늘리고 싶을 때 less나 more를 효과적으로 활용해 보세요.

2. Could you make it mild?
순하게 해주실 수 있나요?

- mild는 '순한, 자극적이지 않은'이라는 뜻이에요. 덜 맵게 혹은 덜 짜게 요청할 때도 자주 쓰는 단어라 활용도가 높아요.

❷ 주차 중에

A **Should we just park here for the night?**
그냥 밤새 여기 세울까?

B **I'm not sure. Is it possible to park here overnight?**
글쎄... 여기 밤새 주차해도 되는 거 맞아?

A **I think there's a sign over there. Let's go check.**
저기 표지판 있는 것 같아. 가서 확인해보자.

B **Good idea. I really don't wanna risk getting towed or fined.**
좋아. 견인되거나 벌금 물고 싶진 않아.

🔍 더 알아보기 — 이렇게도 말해보세요!

1. **Can we park here overnight?**
   밤새 주차해도 되나?
   - Is it possible to ~? 보다 더 간단하고 자연스러운 표현이에요.
     친구나 동행인과 편하게 이야기할 때 자주 쓰여요.

2. **Is overnight parking allowed here?**
   여기서 밤샘 주차가 허용되나요?
   - allowed는 '허용된'이라는 뜻으로, 규칙이나 법적 허용 여부를 묻고 싶을 때 자주 쓰이는 표현이에요. 특히 주차 관련 공식 문의나 표지판 문구에서 많이 볼 수 있습니다.

How long does it take to - ?

🔑 오늘의 패턴 치트키!

How long does it take to - ? 패턴은 "~하는 데 얼마나 걸리나요?"라는 뜻으로, 시간이나 소요 기간을 물어볼 때 자주 쓰이는 표현이에요. 여행, 일상, 업무 등 어디서든 유용하게 쓰일 수 있고, 특히 이동 시간이나 처리 시간을 알고 싶을 때 매우 유용합니다. 영어로 말할 때 막히기 쉬운 표현 중 하나이니, 이번 기회에 외워두면 좋아요.

🔊 데니쌤의 스피킹 팁!

How long은 기간이나 시간을 묻는 의문사예요. 특히 기다림이 길어질 것 같다고 느껴진다면, long을 살짝 길게 발음해 주세요. 그러면 상대방에게 내가 느끼는 긴 기다림을 더 잘 전달할 수 있어요.

Step 1 | Pattern Practice

패턴 트레이닝 10번 반복 연습
❶ 천천히 따라 말하기 ⭕⭕⭕⭕⭕
❷ 스피킹 팁을 적용해서 말하기 ⭕⭕⭕⭕⭕

01. 거기까지 가는 데 얼마나 걸려요?
    How long does it take to get there?

02. 이거 요리하는 데 얼마나 걸려요?
    How long does it take to cook this?

03. 이 책 다 읽는 데 얼마나 걸려요?
How long does it take to read this book?

04. 영어 배우는 데 얼마나 걸려요?
How long does it take to learn English?

05. 영상 편집하는 데 얼마나 걸려요?
How long does it take to edit a video?

06. 시차 적응하는데 얼마나 걸려요?
How long does it take to get over jet lag?

07. 여권 갱신하는 데 얼마나 걸려요?
How long does it take to renew a passport?

08. 여기 생활에 적응하는 데 얼마나 걸려요?
How long does it take to get used to life here?

09. 커피를 다 마시는데 얼마나 걸릴까요?
How long does it take to finish your coffee?

10. 과제를 다하는데 얼마나 걸려요?
How long does it take to do your homework?

단어 배우기

cook 요리하다　　　　learn 배우다　　　　edit 편집하다
get over 극복하다　　renew 갱신하다　　get used to ~에 익숙해지다

Step 2 Real Talk

● 유튜버 친구와 대화 중에

> A **Wow, your workout video today was fire!**
> 와, 오늘 운동 영상 진짜 미쳤다!
>
> B **Thanks, man. Took me forever to edit though.**
> 고마워. 근데 편집하는 데 진짜 오래 걸렸어.
>
> A **How long does it take to edit a video like that?**
> 그런 영상 편집하는 데 얼마나 걸려?
>
> B **About 6 hours. I filmed three angles and added voice-over.**
> 6시간쯤. 세 가지 각도로 찍고, 음성 더빙도 넣었거든.

더 알아보기 — 이렇게도 말해보세요!

1. **How long does it usually take you to edit a video?**
   보통 영상 편집하는 데 얼마나 걸려?

   - How long does it usually take you ~ ?는 평소 소요 시간을 물어볼 때 자주 쓰여요. 상대방의 루틴이나 평균 시간을 알고 싶을 때 유용해요.

2. **How long will it take?**
   얼마나 걸릴까요?

   - How long will it take?는 아직 시작하지 않은 일이나 미래의 소요 시간을 물어볼 때 자주 쓰여요. 예를 들어 세탁소에 옷을 맡길 때 How long will it take?라고 물으면 언제쯤 찾아갈 수 있는지 알 수 있어요.

❷ 구청에서

A **How long does it take to renew a passport?**
여권 갱신하는 데 얼마나 걸려요?

B **It usually takes about two weeks.**
보통 2주 정도 걸립니다.

A **That works. I just wanted to be sure I'd get it before my trip.**
괜찮네요. 여행 전에 받을 수 있을지 확인하고 싶었어요.

B **No worries. If you need it faster, we also have an expedited option.**
걱정 마세요. 더 빠르게 받고 싶으시면 긴급 발급 서비스도 있어요.

더 알아보기 — 이렇게도 말해보세요!

1. When can I get my passport back?
여권은 언제 돌려받을 수 있나요?

- How long does it take to renew a passport?와 같은 뜻으로 쓸 수 있는 표현이에요. 시간보다 '언제'라는 시점을 물어보고 싶을 때 유용합니다.

2. You can get your passport back within 2 weeks.
여권은 2주 안에 받을 수 있어요.

- in 2 weeks는 '딱 2주 뒤'를 뜻하지만, within 2 weeks는 '2주 이내'라는 의미라서 조금 더 여유를 주는 표현이에요. 일정을 이야기할 때 자주 쓰여요.

It would be better to -

▲음원듣기

🔑 오늘의 패턴 치트키!

It would be better to - 패턴은 "~하는 게 좋을 것 같아"라는 뜻으로, 조심스러운 조언이나 의견을 말할 때 자주 쓰여요. 단순히 "~해!"라고 말하는 것보다 훨씬 부드럽고 예의 있는 느낌을 주기 때문에, 상대방을 배려하며 말하고 싶을 때 매우 유용합니다. 특히 업무, 협상, 일상 대화에서 모두 활용할 수 있는 표현이에요.

🔊 데니쌤의 스피킹 팁!

조심스러운 의견을 말할 땐, 문장 끝을 살짝 올리면 상대방에게 신중하고 배려 있는 뉘앙스를 전달할 수 있어요. 그리고 It would를 붙여서 한 호흡에 말하면 자연스럽고 원어민스럽게 말할 수 있어요.

Step 1 — Pattern Practice

패턴 트레이닝 10번 반복 연습
❶ 천천히 따라 말하기 ○○○○○
❷ 스피킹 팁을 적용해서 말하기 ○○○○○

01. 예약을 해두는 게 더 나을 것 같아요.
It would be better to make a reservation.

02. 알레르기 여부를 미리 물어보는 게 좋겠어요.
It would be better to ask about any allergies.

03. 사기 전에 입어보는 게 더 나을 것 같아요.
It would be better to try it on before buying.

04. 선크림을 챙기는 게 더 나을 것 같아요.
It would be better to bring sunscreen.

05. 붐비는 시간을 피하는 게 더 나을 것 같아요.
It would be better to avoid peak hours.

06. 해 지기 전에 텐트를 치는 게 더 나아요.
It would be better to set up the tent before sunset.

07. 처방대로 정확히 복용하는 게 좋을 거 같아.
It would be better to follow the prescription exactly.

08. 한 번에 한 가지에 집중하는 게 좋겠어.
It would be better to focus on one thing at a time.

09. 교통이 안 좋아지기 전에 일찍 출발하는 게 좋겠어.
It would be better to leave early before the traffic gets bad.

10. 미팅 시간을 다시 잡는 게 좋겠어.
It would be better to reschedule the meeting.

단어 배우기

allergy 알레르기
sunset 일몰
sunscreen 선크림
prescription 처방
peak hours 가장 붐비는 시간
focus on 집중하다

Step 2 Real Talk

❶ 외출 전에

A Let's take the subway around 6 p.m.
우리 6시쯤에 지하철 타자.

B That's rush hour, so it's gonna be super crowded.
그때 퇴근 시간이라 사람 진짜 많을걸.

A True. It would be better to avoid peak hours.
맞아. 붐비는 시간은 피하는 게 낫겠지.

B Then maybe we go a bit earlier, or wait until after 7.
그럼 좀 일찍 가거나 아예 7시 넘어서 가자.

더 알아보기 | 이렇게도 말해보세요!

1. It would be better to avoid rush hour.
출퇴근 시간을 피하는 게 좋겠어.

- peak hours 대신 rush hour를 쓸 수 있어요. 둘 다 '붐비는 시간대'를 뜻하지만, 특히 rush hour는 출퇴근 시간 정체를 말할 때 자주 쓰이는 표현입니다.

2. We'd be better off avoiding peak hours.
붐비는 시간대를 피하는 게 훨씬 나아.

- would be better off ~ing 는 '~하는 편이 훨씬 낫다'라는 뜻으로, 불필요한 상황을 피하거나 더 나은 선택을 권할 때 원어민들이 자주 사용하는 표현이에요. 특히 일상 대화에서 '그게 더 나은 선택이야'라는 뉘앙스를 강조하고 싶을 때 쓰면 좋아요.

❷ 병원에서

A I feel a little better now. Can I stop taking the pills?
이제 좀 괜찮은데, 약 그만 먹어도 될까요?

B It would be better to follow the prescription exactly.
처방대로 정확히 복용하시는 게 좋습니다.

A Even if I don't have any symptoms?
증상이 없어도요?

B Yes, stopping early could affect the treatment.
네, 중단하면 치료 효과가 떨어질 수 있어요.

🔍 더 알아보기 ｜ 이렇게도 말해보세요!

1. You should stick to the prescription.
처방대로 지켜서 복용하셔야 해요.

- stick to는 '~을 고수하다, 지키다'라는 뜻으로, 약 복용이나 규칙을 그대로 따르라는 의미를 자연스럽게 전달할 때 자주 쓰이는 표현이에요. 원어민들이 일상 대화뿐 아니라 병원이나 약국에서 자주 사용하는 말이에요.

2. It's important to take the medicine as directed.
지시받은 대로 약을 복용하는 게 중요해요.

- as directed는 '지시받은 대로'라는 뜻으로, 의사나 약사의 처방이나 지시를 정확히 따르라는 의미를 담고 있어요. 병원이나 약국에서 흔히 쓰이는 표현으로, 치료 효과를 강조할 때 자주 사용됩니다.

The best way to ~ is to ~

🔑 오늘의 패턴 치트키!

The best way to ~ is to ~ 패턴은 "~하는 가장 좋은 방법은 ~하는 거야"라는 뜻으로, 무언가를 잘하고 싶거나 상대방에게 팁을 알려줄 때 자주 쓰이는 표현이에요. 내 경험을 바탕으로 조언할 때도, 객관적인 정보를 전달할 때도 유용해요. 특히 best라는 최상급이 들어가서 더욱 강하게 "이게 최고다!"라는 뉘앙스를 살릴 수 있습니다.

🔊 데니쌤의 스피킹 팁!

The best way to ~ 까지는 문장의 긴 주어 부분이니까, 한 호흡에 자연스럽게 말해 주는 것이 좋아요. 그리고 best를 살짝 강조하면 내 조언이 훨씬 더 자신감 있게 들려요!

Step 1   Pattern Practice

패턴 트레이닝 **10번 반복 연습**
❶ 천천히 따라 말하기 ⚪⚪⚪⚪⚪
❷ 스피킹 팁을 적용해서 말하기 ⚪⚪⚪⚪⚪

01. 거기 가는 가장 좋은 방법은 지하철 타는 거예요.
The best way to get there is to take the subway.

02. 예산에 맞춰 여행하는 최고의 방법은 미리 계획하는 거예요.
The best way to travel on a budget is to plan ahead.

03. 맛집을 찾는 가장 좋은 방법은 현지인에게 물어보는 거예요.
The best way to find good restaurants is to ask a local.

04. 집중하는 가장 좋은 방법은 휴대폰을 끄는 거예요.
The best way to focus is to turn off your phone.

05. 하루를 시작하는 가장 좋은 방법은 침대를 정리하는 거예요.
The best way to start your day is to make your bed.

06. 운동을 즐기는 가장 좋은 방법은 네가 좋아하는 것을 찾는 거예요.
The best way to enjoy working out is to find something you love.

07. 자세를 교정하는 가장 좋은 방법은 코어 근육을 강화하는 거예요.
The best way to fix your posture is to strengthen your core.

08. 돈을 절약하는 가장 좋은 방법은 지출을 기록하는 거예요.
The best way to save money is to track your spending.

09. 건강을 유지하는 가장 좋은 방법은 균형 잡힌 식사를 하는 거예요.
The best way to stay healthy is to eat balanced meals.

10. 살을 빼는 가장 좋은 방법은 규칙적으로 운동하는 거예요.
The best way to lose weight is to exercise regularly.

단어 배우기

budget 예산
make bed 침대를 정리하다
local 현지인
posture 자세
turn off (전원을)끄다
strengthen 강화하다

Step 2 Real Talk

● 친구와 대화 중에

> A **I really don't enjoy working out.**
> 운동하는 거 별로 안 좋아해요.
>
> B **Maybe you haven't found the right activity yet.**
> 너한테 맞는 운동을 아직 못 찾은 걸 수도 있어.
>
> A **Really? You think so?**
> 정말? 그렇게 생각해?
>
> B **The best way to enjoy working out is to find something you love.**
> 운동을 즐기는 가장 좋은 방법은 네가 좋아하는 것을 찾는거야.

🔍 더 알아보기 — 이렇게도 말해보세요!

1. **The best way to enjoy working out is to find your favorite sport.**
   운동을 즐기려면 좋아하는 운동 종목을 찾는 게 최고야.

   - find your favorite ~는 '네가 좋아하는 ~을 찾다'라는 뜻으로, find something you love 대신 쓸 수 있는 더 구체적이고 편한 표현이에요. 스포츠 종목이나 취미 활동을 언급해 대화를 자연스럽게 이어갈 때 유용해요.

2. **The best way to get better at tennis is to practice with a coach.**
   테니스를 더 잘 치는 가장 좋은 방법은 코치와 연습하는 거야.

   - get better at은 '~을 더 잘하게 되다'라는 뜻으로, The best way to ~ 패턴과 함께 쓰면 어떤 일을 잘하기 위한 최고의 방법을 말할 때 유용한 표현입니다.

❷ 여행 중에

A **I'm starving.
Should we just give that place a shot?**
배고파 죽겠어. 그냥 저기 한번 가볼까?

B **I don't know… It looks kind of touristy.**
글쎄... 관광객들이 많이 가는 느낌이야.

A **You're right. The best way to find good restaurants is to ask a local.**
맞아. 맛집 찾는 제일 좋은 방법은 현지인한테 물어보는 거지.

B **Let's ask the front desk at the hotel.**
호텔 프런트 직원한테 물어보자.

더 알아보기 — 이렇게도 말해보세요!

1. **The easiest way to find great restaurants is to ask someone who lives here.**
   맛집을 찾는 가장 쉬운 방법은 여기 사는 사람에게 물어보는 거예요.

   - the best way 대신 the easiest way를 쓰면 조금 더 간단하고 실용적인 뉘앙스를 줄 수 있어요. someone who lives here는 현지인을 가리키는 자연스러운 표현이에요.

2. **If you want to know the best spots, just ask a local.**
   맛집을 알고 싶으면 현지인에게 물어보세요.

   - 이 표현은 짧고 간결하게 조언을 전할 수 있어서, 여행 중 상대방에게 빠르게 추천할 때 유용해요. just ask a local은 원어민들이 실제 대화에서 자주 쓰는 자연스러운 표현입니다.

MEMO

MEMO

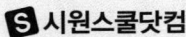

데니쌤의
영어 말하기
치트키
1730
실전 대화 & 쉐도잉 연습

이렇게 활용하세요

이 부록은 앞에서 배운 문법 치트키 17개를 실제 말하기에 적용하는 3단계 실전 훈련으로 구성되어 있습니다. 대화의 흐름을 익히고, 직접 말해보고, 원어민처럼 자연스럽게 말하는 자신을 만나보세요.

3단계 실전 훈련

Step 1 회화로 말문 트기

학습한 문법 치트키가 일상 대화 속에서 어떻게 활용되는지 익히는 단계입니다. 자주 쓰는 단어와 표현도 함께 확인할 수 있습니다. 스피킹 팁 10가지를 떠올리며, 직접 소리 내어 말해보세요.

Step 2 회화 마스터하기

문법 치트키와 표현을 완전히 내 말로 만드는 연습 단계입니다. QR 코드를 통해 원어민 음성을 듣고, 빈칸 부분을 직접 말해보며 실전 대화 감각을 키워보세요.

Step 3 쉐도잉 연습하기

문법 치트키와 표현이 담겨 있는 스토를 따라 말해보는 마지막 쉐도잉 훈련 단계입니다. QR 속 데니쌤의 음원을 들으며 호흡·발음·강세까지 원어민처럼 따라 말해보세요.

영어, 이제는 말할 차례입니다.

문법 치트키 01

현재의 상태나 위치를 말하는 be동사 현재형

Step 1 회화로 말문 트기

일상 대화 속에서 말의 흐름을 따라가며 영어 발음 튜닝 팁을 생각하며 연습해 보세요.

 I am Tom. I came from Korea.
나는 Tom입니다. 한국에서 왔지요.

 Nice to meet you. I am Jane. I came from the United States.
반갑습니다 저는 Jane입니다. 저는 미국에서 왔습니다.

 How old are you?
당신은 몇 살인가요?

 I am 21 years old. Why did you come here?
저는 21살입니다. 당신은 여기에 왜 왔나요?

 I came here because of English. This place is very famous.
저는 여기에 영어 때문에 왔습니다. 여기는 아주 유명한 곳입니다.

 Why is this place famous?
여기가 왜 유명하지요?

 Ah~ the teachers here are excellent. Why did you come here?
아~ 여기는 선생님이 아주 훌륭합니다. 당신은 여기에 왜 오셨지요?

I came here for business. It is not easy to get a job.
저는 여기에 일 때문에 왔습니다. 일을 구하는 것이 쉽지 않습니다.

I see. What kind of business are you doing here?
아, 그렇군요. 여기서 어떤 일을 하고 계신가요?

I'm in the tech industry, developing software for companies.
저는 테크 업계에 있고, 회사들을 위한 소프트웨어를 개발하고 있습니다.

That sounds interesting. Is it going well?
흥미롭네요. 일은 잘 되고 있나요?

It's challenging, but I'm learning a lot. How about your English studies?
쉽지 않지만, 많이 배워가고 있습니다. 영어 공부는 어떻게 되고 있나요?

It's going well, but speaking is still difficult for me.
나쁘지 않지만, 회화는 아직도 어렵습니다.

Don't worry, practice makes perfect. Keep trying!
걱정하지 마세요, 연습하면 완벽해질 거예요. 계속해요!

Thank you! I'll keep practicing.
감사합니다! 계속해 볼게요.

단어 배우기

for business 사업차, 일 때문에　　**get a job** 직업을 얻다

Step 2 회화 마스터하기

원어민들의 롤플레이를 듣고, 빈칸에 들어갈 말을 완성해 보세요.

 I am Tom. I came from Korea.
나는 Tom입니다. 한국에서 왔지요.

 _____

_____

반갑습니다 저는 Jane입니다. 저는 미국에서 왔습니다.

 How old are you?
당신은 몇 살인가요?

 _____

저는 21살입니다. 당신은 여기에 왜 왔나요?

 I came here because of English. This place is very famous.
저는 여기에 영어 때문에 왔습니다. 여기는 아주 유명한 곳입니다.

 _____

여기가 왜 유명하지요?

 Ah~ the teachers here are excellent. Why did you come here?
아~ 여기는 선생님이 아주 훌륭합니다. 당신은 여기에 왜 오셨지요?

 _____

저는 여기에 일 때문에 왔습니다. 일을 구하는 것이 쉽지 않습니다.

I see. What kind of business are you doing here?
아, 그렇군요. 여기서 어떤 일을 하고 계신가요?

저는 테크 업계에 있고, 회사들을 위한 소프트웨어를 개발하고 있습니다.

 That sounds interesting. Is it going well?
흥미롭네요. 일은 잘 되고 있나요?

쉽지 않지만, 많이 배워가고 있습니다. 영어 공부는 어떻게 되고 있나요?

 It's going well, but speaking is still difficult for me.
나쁘지 않지만, 회화는 아직도 어렵습니다.

걱정하지 마세요, 연습하면 완벽해질 거예요. 계속해요!

 Thank you! I'll keep practicing.
감사합니다! 계속해 볼게요.

Step 3 쉐도잉 연습하기

다음은 <be동사 현재형>이 활용된 이야기입니다.
데니쌤의 쉐도잉 음원을 참고하여 따라 읽어보세요.

I am a teacher. I work at a small school. The students are very friendly. Every day, I teach English. My classroom is big, and it is clean. There are books on every desk. I am always excited to teach my students. They are smart, and they love to learn.

My friends are also teachers. They are at different schools, but we talk a lot. We are happy with our jobs. Teaching is hard work, but it is fun. Sometimes, we meet for lunch. It is nice to share ideas and help each other.

Today, I am tired because I had many classes. My students were active, and they asked many questions. But I am not worried. Tomorrow is a new day, and I am ready to teach again.

해석하기

나는 선생님입니다. 나는 작은 학교에서 일합니다. 학생들은 매우 친절합니다. 나는 매일 영어를 가르칩니다. 나의 교실은 크고 깨끗합니다. 책상마다 책이 있습니다. 나는 항상 학생들을 가르치는 것이 신납니다. 그들은 똑똑하고 배우는 것을 좋아합니다.

나의 친구들도 선생님입니다. 그들은 다른 학교에 있지만, 우리는 자주 이야기를 나눕니다. 우리는 우리의 직업에 만족합니다. 가르치는 것은 힘든 일이지만, 재미있습니다. 가끔 우리는 점심을 함께 먹습니다. 서로 아이디어를 공유하고 도와주는 것이 좋습니다.

오늘은 수업이 많아서 나는 피곤합니다. 학생들은 자극적이었고 질문이 많았습니다. 하지만 나는 걱정하지 않습니다. 내일은 새로운 날이고, 나는 다시 가르칠 준비가 되어 있습니다.

표현 말하기

be friendly
- 친절하다

I'm ready to 동사원형
- ~할 준비가 되다

문법 치트키 02

반복되는 행동, 습관을 말하는 일반동사 현재형

Step 1 회화로 말문 트기

일상 대화 속에서 말의 흐름을 따라가며 영어 발음 튜닝 팁을 생각하며 연습해 보세요.

Hi, my name is John. Nice to meet you.
안녕하세요, 제 이름은 John이에요. 만나서 반갑습니다.

Hello, John. I'm Mark. Nice to meet you.
안녕하세요, John. 저는 Mark예요. 만나서 반갑습니다.

What company are you with, Mark?
Mark씨는 어느 회사에서 일하세요?

I'm with ABC Corporation now. What about you?
저는 현재 ABC 법인에서 일하고 있어요. John씨는요?

I work for XYZ. What is your position in ABC Corporation?
저는 XYZ에서 일해요. ABC 법인에서 직함이 어떻게 되시나요?

I'm a sales manager. And you?
저는 영업 팀장이에요. John씨는요?

I'm a project manager. It's your first time here?
저는 프로젝트 팀장이에요. 여기 처음 오신 건가요?

Yes, it is. How about you?
네, John씨는요?

Me, too. It's a nice place!
저도요. 참 좋은 곳이네요!

Oh, yes. I think so. What do you think of the conference so far?
네, 그렇게 생각해요. 지금까지의 컨퍼런스에 대해 어떻게 생각하시나요?

I think it is very interesting. The speakers are good.
꽤 흥미롭다고 생각해요. 연사들이 잘 하네요.

I totally agree with that.
그러네요.

Me, too. Do you have any plans for lunch?
저도요. 점심 식사 어떻게 하실지 정하셨나요?

Not yet. Would you like to have lunch together?
아직요. 같이 드실래요?

That sounds great.
좋은 생각이에요.

Perfect. See you at noon.
좋아요. 12시에 뵈어요.

Yes, see you then.
네, 그때 봬요.

단어 배우기

corporation 기업, 법인   position 직급

Step 2 회화 마스터하기

원어민들의 롤플레이를 듣고, 빈칸에 들어갈 말을 완성해 보세요.

 Hi, my name is John. Nice to meet you.
안녕하세요, 제 이름은 John이에요. 만나서 반갑습니다.

 _____
안녕하세요, John. 저는 Mark예요. 만나서 반갑습니다.

 What company are you with, Mark?
Mark씨는 어느 회사에서 일하세요?

 _____
저는 현재 ABC 법인에서 일하고 있어요. John씨는요?

 I work for XYZ. What is your position in ABC Corporation?
저는 XYZ에서 일해요. ABC 법인에서 직함이 어떻게 되시나요?

 _____
저는 영업 팀장이에요. John씨는요?

 I'm a project manager. It's your first time here?
저는 프로젝트 팀장이에요. 여기 처음 오신 건가요?

 _____
네, John씨는요?

 Me, too. It's a nice place!
저도요. 참 좋은 곳이네요!

네, 그렇게 생각해요. 지금까지의 컨퍼런스에 대해 어떻게 생각하시나요?

I think it is very interesting. The speakers are good.
꽤 흥미롭다고 생각해요. 연사들이 잘 하네요.

그러네요.

Me, too. Do you have any plans for lunch?
저도요. 점심 식사 어떻게 하실지 정하셨나요?

아직요. 같이 드실래요?

That sounds great.
좋은 생각이에요.

좋아요. 12시에 뵈어요.

Yes, see you then.
네, 그때 봬요.

Step 3 쉐도잉 연습하기

다음은 <일반동사 현재형>이 활용된 이야기입니다.
데니쌤의 쉐도잉 음원을 참고하여 따라 읽어보세요.

Every morning, I wake up at 7 a.m. I eat breakfast and drink a cup of coffee. After that, I go for a walk in the park. My friend Sarah also walks with me. We usually talk about our plans for the day. Sometimes, she shares interesting stories from her work.

After the walk, I study English for two hours. I use different books and listen to podcasts. In the afternoon, I work from home. I write reports and send emails to my colleagues.

In the evening, I relax and watch TV with my family. We sometimes play board games, but my brother always wins. Before bed, I read a book or listen to music to calm down. Finally, I go to sleep around 11p.m., ready for another day.

On weekends, I visit my parents and help them with small tasks around the house. I also like to cook dinner for them. Spending time with family always makes me happy.

해석하기

매일 아침 나는 7시에 일어납니다. 나는 아침을 먹고 커피 한 잔을 마십니다. 그 후에 공원에서 산책합니다. 내 친구 Sarah도 나와 함께 걸어요. 우리는 보통 그날의 계획에 관해 이야기합니다. 가끔 Sarah는 직장에서 있었던 흥미로운 이야기를 들려줍니다. 산책 후에 나는 두 시간 동안 영어 공부를 합니다. 다양한 책을 사용하고 팟캐스트를 들어요. 오후에는 집에서 일을 합니다. 나는 보고서를 작성하고 동료들에게 이메일을 보냅니다. 저녁에는 가족과 함께 휴식을 취하며 TV를 봅니다. 가끔 우리는 보드게임을 하지만, 내 동생이 항상 이깁니다. 자기 전에는 책을 읽거나 음악을 들으며 마음을 가라앉힙니다. 마침내 나는 11시쯤 잠자리에 들어, 또 다른 하루를 준비합니다. 주말에는 부모님을 방문하고 집안일을 도와드려요. 또, 부모님을 위해 저녁을 요리하는 것도 좋아합니다. 가족과 시간을 보내면 항상 행복해집니다.

표현 말하기

be ready for another day
- 또 다른 하루를 준비하다

help with small tasks
- 작은 일을 돕다

문법 치트키 03

존재의 포커스 There is / are

Step 1 회화로 말문 트기

일상 대화 속에서 말의 흐름을 따라가며 영어 발음 튜닝 팁을 생각하며 연습해 보세요.

Hello. I'm Daniel.
안녕하세요. 저는 Daniel이에요.

Oh yes, nice to meet you. How can I help you?
아 네, 만나서 반가워요. 무엇을 도와드릴까요?

I'd like an apartment. Is there any good one around here?
아파트에 관심이 있어서요. 혹시 이 주변에 괜찮은 아파트가 있나요?

Yes, there is a good apartment. But it's a little too expensive.
네, 좋은 아파트가 있어요. 근데 많이 비싸요.

It's fine, I'm rich. How big is it?
괜찮아요, 저는 부자예요. 얼마나 큰가요?

It's about 60 pyeong and there are 5 rooms.
60평정도 됩니다. 방은 총 5개고요.

How many bathrooms are there?
화장실은 몇 개인가요?

3 bathrooms.
세 개입니다.

Sounds good. How much is this apartment?
좋네요. 아파트는 얼마인가요?

Oh, it's 700,000,000 won.
7억입니다.

Oh, that's too expensive. I'm rich but I'm frugal.
어, 그건 너무 비싸네요. 전 부자지만 짠돌이에요.

Yes, there is a 10 percent discount. Don't worry.
네, 10 퍼센트 할인이 있습니다. 걱정하지 마세요.

Great. I'll take this apartment.
좋아요. 이 아파트 계약할게요.

단어 배우기

frugal 절약하는, 검소한   take 사다

Step 2 회화 마스터하기

원어민들의 롤플레이를 듣고, 빈칸에 들어갈 말을 완성해 보세요.

Hello. I'm Daniel.
안녕하세요. 저는 Daniel이에요.

아 네, 만나서 반가워요. 무엇을 도와드릴까요?

I'd like an apartment. Is there any good one around here?
아파트에 관심이 있어서요. 혹시 이 주변에 괜찮은 아파트가 있나요?

네, 좋은 아파트가 있어요. 근데 많이 비싸요.

It's fine, I'm rich. How big is it?
괜찮아요, 저는 부자예요. 얼마나 큰가요?

60평정도 됩니다. 방은 총 5개고요.

How many bathrooms are there?
화장실은 몇 개인가요?

세 개입니다.

Sounds good. How much is this apartment?
좋네요. 아파트는 얼마인가요?

7억입니다.

Oh, that's too expensive. I'm rich but I'm frugal.
어, 그건 너무 비싸네요. 전 부자지만 짠돌이에요.

네, 10 퍼센트 할인이 있습니다. 걱정하지 마세요.

Great. I'll take this apartment.
좋아요. 이 아파트 계약할게요.

Step 3 쉐도잉 연습하기

다음은 <There is / are>가 활용된 이야기입니다.
데니쌤의 쉐도잉 음원을 참고하여 따라 읽어보세요.

There is something beautiful in the simple moments of life. When we pause and look around, there is always something new to discover. There are birds singing, and there is a soft breeze touching our skin.

We often think there isn't any time to slow down. But there is always time if we make it. There are moments of peace waiting for us each day, and there is calm in the simplest actions, like sipping tea or taking a walk.

There are people around us who bring joy, even if we don't always notice. How many people brighten our day with just a smile? Life may feel busy, but there is beauty in each moment, and there are endless opportunities to appreciate it.

해석하기

삶의 단순한 순간들에는 아름다움이 있습니다. 우리가 잠시 멈추고 주위를 둘러보면, 항상 새로운 무언가를 발견할 수 있습니다. 새들이 노래하고 있고, 부드러운 바람이 우리의 피부를 스치고 있습니다. 우리는 종종 속도를 늦출 시간이 없다고 생각합니다. 하지만 시간을 만들면 언제나 여유가 있습니다. 매일 우리를 기다리는 평온의 순간들이 있고, 차 한 잔을 마시거나 산책을 하는 순간에도 고요함은 존재합니다. 주변에는 우리에게 기쁨을 주는 사람들이 있습니다, 비록 우리가 항상 알아채지는 못할지라도요. 몇 명의 사람들이 단지 미소만으로 우리의 하루를 밝게 만들어줄까요? 삶은 바쁘게 느껴질 수 있지만, 각 순간에는 아름다움이 있고 그것을 감사할 기회는 끝없이 존재합니다.

표현 말하기

in the simple moments of life.
- 삶의 단순한 순간들에

slow down
- 늦추다

There is beauty in each moment.
- 각 순간에는 아름다움이 있습니다.

문법 치트키 04

할 수 있다/없다 조동사 can

Step 1 회화로 말문 트기

일상 대화 속에서 말의 흐름을 따라가며 영어 발음 튜닝 팁을 생각하며 연습해 보세요.

Hi, Tom. How are you doing?
안녕, Tom. 어떻게 지내?

Same as always. What about you?
맨날 똑같지. 너는 어때?

Me too. Anyway, today's my birthday. Can you come to my birthday party?
나도야. 그나저나 오늘 내 생일이야. 내 생일파티에 올 수 있어?

Oh, congratulations! I'm not sure, I'm in Jeju island for work. But I can go to Seoul in the evening.
오 축하해! 잘 모르겠어. 난 일 때문에 제주에 있거든. 하지만 저녁에 서울 갈 수 있어.

I see. So, you can't make it.
그렇구나. 그럼 못 오겠네.

You're my best friend so if I finish work early, I can see you.
넌 내 절친이잖아. 나 일 일찍 끝나면, 너 볼 수 있어.

What about Jane? Can she come?
Jane은 어떤데? 걔는 올 수 있어?

Oh she's off today and tomorrow, so she can't come.
아 Jane은 오늘이랑 내일 휴가라 못 와.

Ah, that's too bad. I was hoping to see both of you.
아, 아쉽네. 너희 둘 다 보고 싶었는데.

Yeah, I know. But we can celebrate together another day. Let's plan something for the weekend!
응, 나도 알아. 하지만 우리 나중에 따로 축하하자. 주말에 계획 잡자!

Sounds good! Let's have dinner together this weekend then. I'll pick a good restaurant.
좋아! 그럼 이번 주말에 같이 저녁 먹자. 내가 좋은 식당 찾아볼게.

Perfect. Let me know the time and place, and I'll be there!
좋아. 시간과 장소 알려줘, 그럼 나 바로 갈게!

Will do! Have a great time in Jeju. Talk to you soon!
그럴게! 제주에서 잘 보내고, 곧 연락하자!

Thanks! Have fun at your party! Talk to you soon!
고마워! 생일파티 잘 즐기고, 곧 연락하자!

단어 배우기

Same as always. 맨날 똑같다.
be off 연차를 쓰다

make it (약속, 파티 등) 일정에 참석하다

Step 2 회화 마스터하기

원어민들의 롤플레이를 듣고, 빈칸에 들어갈 말을 완성해 보세요.

안녕, Tom. 어떻게 지내?

Same as always. What about you?
맨날 똑같지. 너는 어때?

나도야. 그나저나 오늘 내 생일이야. 내 생일파티에 올 수 있어?

Oh, congratulations! I'm not sure, I'm in Jeju island for work. But I can go to Seoul in the evening.
오 축하해! 잘 모르겠어. 난 일 때문에 제주에 있거든.
하지만 저녁에 서울 갈 수 있어.

그렇구나. 그럼 못 오겠네.

You're my best friend so if I finish work early, I can see you.
넌 내 절친이잖아. 나 일 일찍 끝나면, 너 볼 수 있어.

Jane은 어떤데? 걔는 올 수 있어?

Oh she's off today and tomorrow, so she can't come.
아 Jane은 오늘이랑 내일 휴가라 못 와.

아, 아쉽네. 너희 둘 다 보고 싶었는데.

Yeah, I know. But we can celebrate together another day. Let's plan something for the weekend!
응, 나도 알아. 하지만 우리 나중에 따로 축하하자. 주말에 계획 잡자!

좋아! 그럼 이번 주말에 같이 저녁 먹자. 내가 좋은 식당 찾아볼게.

Perfect. Let me know the time and place, and I'll be there!
좋아. 시간과 장소 알려줘, 그럼 나 바로 갈게!

그럴게! 제주에서 잘 보내고, 곧 연락하자!

Thanks! Have fun at your party! Talk to you soon!
고마워! 생일파티 잘 즐기고, 곧 연락하자!

Step 3 쉐도잉 연습하기

다음은 <조동사 can>이 활용된 이야기입니다.
데니쌤의 쉐도잉 음원을 참고하여 따라 읽어보세요.

There is so much we can discover in the routine moments of daily life.
We can wake up, start the day with a fresh mind, and choose how we want to spend each moment.
A simple cup of coffee can make us feel refreshed, and a short walk can clear our minds.
Life can be busy, but these small things can help us find balance. But if we slow down, we can notice the beauty in what we are doing right now.
Even when life feels overwhelming, we can always take a deep breath.
We can choose to appreciate the routine, knowing that the simplest moments can bring peace.

해석하기

일상 속에서 우리는 정말 많은 것들을 발견할 수 있습니다.
우리는 아침에 일어나 신선한 마음으로 하루를 시작하고, 각 순간을 어떻게 보낼지 선택할 수 있습니다.
단순한 커피 한 잔이 우리를 상쾌하게 만들 수 있고, 짧은 산책이 우리의 마음을 맑게 해줄 수 있습니다.
삶은 바쁠 수 있지만, 이러한 작은 것들이 우리에게 균형을 찾게 도와줄 수 있습니다. 하지만 속도를 늦추면, 우리가 지금 하고 있는 일의 아름다움을 발견할 수 있습니다.
삶이 벅차게 느껴질 때도, 우리는 언제나 깊게 숨을 쉴 수 있습니다.
우리는 일상의 소중함을 감사할 수 있고, 가장 단순한 순간들이 평화를 가져다줄 수 있다는 것도 알 수 있습니다.

표현 말하기

discover
- 발견하다

find balance
- 균형을 찾다

appreciate
- 감사하다

문법 치트키 05

'누구의 것인지'를 말하는 의문사 whose

Step 1 회화로 말문 트기

일상 대화 속에서 말의 흐름을 따라가며 영어 발음 튜닝 팁을 생각하며 연습해 보세요.

Hi. Whose book is this?
안녕. 이 책 누구 거야?

Oh, that's mine. Thank you.
아, 내 거야. 고마워.

No problem. Whose phone is on the table?
천만에. 테이블 위에 있는 전화기는 누구 거야?

I think it's Tom's phone.
Tom 전화기인 것 같아.

Alright. I'll give it to him. Whose jacket is it?
그래, 내가 전해줄게. 이 자켓은 누구 거지?

The jacket is Jane's.
Jane 자켓이야.

Thanks for the help. Whose keys are these?
도움 줘서 고마워. 이 키는 누구 거야?

I'm not sure but maybe they are Sarah's.
잘 모르겠지만 어쩌면 Sarah 거일 수도 있어.

Thanks again.
다시 한번 고마워.

Alright, I'll check with Sarah. By the way, whose notebook is on the chair?
그래, Sarah에게 확인해 볼게. 그런데, 의자 위에 있는 공책은 누구 거야?

Hmm, that notebook belongs to Mark. He must have left it here.
음, 그 공책은 Mark 거야. 아마 여기에 두고 갔나 봐.

Got it. I'll keep it safe for him. And whose umbrella is by the door?
알겠어. 내가 안전하게 보관할게. 그리고 문 옆에 있는 우산은 누구 거야?

Oh, that's mine. I always forget my umbrella!
아, 그건 내 거야. 나 항상 우산을 잊어버려!

No worries. I'll remind you next time. Thanks for the help!
걱정 마. 다음번엔 내가 알려줄게. 도와줘서 고마워!

Anytime! Let me know if you find more things. I might be the owner!
언제든지! 더 발견하면 알려줘. 내가 주인일지도 몰라!

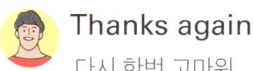

belong to ~에 속하다, ~소유이다

Step 2 회화 마스터하기

원어민들의 롤플레이를 듣고, 빈칸에 들어갈 말을 완성해 보세요.

안녕. 이 책 누구 거야?

Oh, that's mine. Thank you.
아, 내 거야. 고마워.

천만에. 테이블 위에 있는 전화기는 누구 거야?

I think it's Tom's phone.
Tom 전화기인 것 같아.

그래, 내가 전해줄게. 이 자켓은 누구 거지?

The jacket is Jane's.
Jane 자켓이야.

도움 줘서 고마워. 이 키는 누구 거야?

I'm not sure but maybe they are Sarah's.
잘 모르겠지만 어쩌면 Sarah 거일 수도 있어.

다시 한번 고마워.

Alright, I'll check with Sarah. By the way, whose notebook is on the chair?

그래, Sarah에게 확인해 볼게. 그런데, 의자 위에 있는 공책은 누구 거야?

음, 그 공책은 Mark 거야. 아마 여기에 두고 갔나 봐.

Got it. I'll keep it safe for him. And whose umbrella is by the door?

알겠어. 내가 안전하게 보관할게. 그리고 문 옆에 있는 우산은 누구 거야?

아, 그건 내 거야. 나 항상 우산을 잊어버려!

No worries. I'll remind you next time. Thanks for the help!

걱정 마. 다음번엔 내가 알려줄게. 도와줘서 고마워!

언제든지! 더 발견하면 알려줘. 내가 주인일지도 몰라!

Step 3 쉐도잉 연습하기

다음은 <의문사 whose>가 활용된 이야기입니다.
데니쌤의 쉐도잉 음원을 참고하여 따라 읽어보세요.

One day, Anna and Mark were walking through the park. They decided to sit on a bench to take a break. As they sat down, Anna noticed something under the bench.
"Whose book is this?" Anna asked, picking up the book. Mark shrugged. "I don't know. Maybe someone left it behind." Just then, a dog ran past them, followed by a man.
"Whose dog is that?" Anna asked, laughing. "I think it's his," Mark said, pointing to the man running after the dog. A few moments later, Anna noticed more things around the bench.
"Whose sunglasses are these?" she asked, holding up a pair of sunglasses. "Whose water bottle is this?" Mark added, pointing to a bottle near his feet. "Looks like this bench is a lost-and-found!" Anna joked. Suddenly, a woman came running over. "Oh, thank you! The book, sunglasses, and bottle are all mine!" she said, smiling gratefully.

해석하기

어느 날, Anna와 Mark는 공원을 걷다가 잠시 쉬기 위해 벤치에 앉았습니다. 앉자마자 Anna는 벤치 밑에 뭔가를 발견했습니다. "이 책 누구 거지?" Anna가 책을 주워 들며 말했습니다. Mark는 어깨를 으쓱했습니다. "모르겠어. 누군가 두고 갔나 봐." 그때, 한 마리 개가 그들 앞을 지나갔고, 뒤따라 한 남자가 뛰어갔습니다. "저 개 누구 거야?" Anna가 웃으며 물었습니다. "저 사람이 주인인 것 같아," Mark가 개를 쫓아가는 남자를 가리키며 말했습니다. 잠시 후, Anna는 벤치 주위에 다른 물건들도 있는 것을 발견했습니다. "이 선글라스 누구 거지?" Anna가 선글라스를 들어 보이며 물었습니다. "이 물병은 누구 거야?" Mark도 발밑에 있는 물병을 가리키며 덧붙였습니다. "이 벤치가 분실물 센터인 것 같네!" Anna가 농담을 했습니다. 그때, 한 여자가 헐레벌떡 달려왔습니다. "아, 고맙습니다! 책이랑 선글라스, 물병 다 제 거예요!" 그 여자가 감사한 표정으로 말했습니다.

표현 말하기

shrug
- 어깨를 으쓱하다

lost-and-found
- 분실물 센터

문법 치트키 06

원하는 것을 말하는 would like

Step 1 회화로 말문 트기

일상 대화 속에서 말의 흐름을 따라가며 영어 발음 튜닝 팁을 생각하며 연습해 보세요.

 Hi, I'd like a pair of new shoes.
안녕하세요. 새 신발을 구매하고 싶어요.

 Welcome. What brand would you like?
반갑습니다. 어떤 브랜드를 원하시나요?

 I'd like Nike. Nike is my favorite brand.
나이키가 좋아요. 제일 좋아하는 브랜드거든요.

 Got it. It's a new model. What color would you like?
알겠어요. 이건 새 모델이에요. 어떤 색상을 원하실까요?

 I'd like black.
검은색을 원해요.

 Okay, just a moment. Oh, I'm sorry but black is sold out.
네, 잠시만요. 죄송하지만 블랙은 이미 다 팔렸어요.

 That's too bad. I understand.
아쉽네요. 알겠습니다.

How about another color? We've got white models too.
다른 색상은 어떠실까요? 흰색 모델도 있습니다.

 White one is fine. Can I try them on?
흰색 괜찮아요. 신어봐도 될까요?

 Sure. What's your size?
물론이죠. 사이즈가 어떻게 되시나요?

 9.5.
9.5요.

 Please wait a moment. Here they are.
잠시만 기다려주세요. 여기 있습니다.

 Nice, I'll take them.
좋네요. 그걸로 할게요.

 There's a 10 percent discount.
10퍼센트 할인해 드릴게요.

 Thank you.
감사합니다.

be sold out 품절되다　　try on 신어보다, 입어보다
take 구매하다

Step 2 회화 마스터하기

원어민들의 롤플레이를 듣고, 빈칸에 들어갈 말을 완성해 보세요.

Hi, I'd like a pair of new shoes.
안녕하세요. 새 신발을 구매하고 싶어요.

반갑습니다. 어떤 브랜드를 원하시나요?

I'd like Nike. Nike is my favorite brand.
나이키가 좋아요. 제일 좋아하는 브랜드거든요.

알겠어요. 이건 새 모델이에요. 어떤 색상을 원하실까요?

I'd like black.
검은색을 원해요.

네, 잠시만요. 죄송하지만 블랙은 이미 다 팔렸어요.

That's too bad. I understand.
아쉽네요. 알겠습니다.

다른 색상은 어떠실까요? 흰색 모델도 있습니다.

White one is fine. Can I try them on?
흰색 괜찮아요. 신어봐도 될까요?

물론이죠. 사이즈가 어떻게 되시나요?

9.5.
9.5요.

잠시만 기다려주세요. 여기 있습니다.

Nice, I'll take them.
좋네요. 그걸로 할게요.

10퍼센트 할인해 드릴게요.

Thank you.
감사합니다.

Step 3 쉐도잉 연습하기

다음은 <would like>가 활용된 이야기입니다.
데니쌤의 쉐도잉 음원을 참고하여 따라 읽어보세요.

Today, I'm thinking about what I would like to do for the weekend. I would like to visit the new museum downtown. I heard it has an amazing art collection. I'd also like to try the new café nearby. They say it has the best pastries in the city, and I would love to try one of their famous croissants.

For dinner, I think I would like to cook something special at home. Maybe I'd like to try making pasta from scratch. It's been a long time since I've cooked something new, and I would like to challenge myself. I'd also like to invite a friend over to enjoy it with me.

There's so much I would like to do, but I have to make sure I have enough time for everything!

해석하기

오늘 나는 주말에 무엇을 할지 생각하고 있어요. 나는 시내의 새로운 박물관을 가보고 싶어요. 거기에는 멋진 예술 작품들이 있다고 들었어요. 근처에 있는 새 카페에도 가보고 싶어요. 그곳의 페이스트리가 최고라고 하니, 그 유명한 크루아상을 꼭 먹어보고 싶어요.

저녁으로는, 집에서 뭔가 특별한 요리를 하고 싶어요. 아마도 처음부터 직접 만든 파스타를 시도해 보고 싶어요. 새로운 요리를 해본 지 오래됐고, 나 자신에게 도전해 보고 싶어요. 친구를 초대해서 함께 즐기는 것도 좋을 것 같아요.

하고 싶은 일이 정말 많지만, 시간이 충분한지 확인해야겠네요!

표현 말하기

I'd love to 동사원형
- 정말 ~하고 싶다

There's so much I would like to do ~
- ~ 하고 싶은 일이 정말 많다

I'd like to challenge myself.
- 나 자신에게 도전해보고 싶다

문법 치트키 07

지금 하고 있는 행동을 말하는 현재진행형

Step 1 | 회화로 말문 트기

일상 대화 속에서 말의 흐름을 따라가며 영어 발음 튜닝 팁을 생각하며 연습해 보세요.

Hi, Mark. What are you doing?
안녕, Mark. 뭐 하고 있었어?

Hi, John. I'm playing golf. Do you wanna join me?
안녕, John. 난 골프 치고 있었지. 같이 칠래?

Sure. How are you playing today?
그럼. 오늘 잘 치고 있어?

I'm doing okay. I'm trying to improve my swing.
그런 것 같아. 난 스윙을 개선하려고 노력 중이야.

That sounds good. I'm practicing my putting.
좋네. 난 퍼팅 연습을 하는 중이야.

Oh great. We can practice together. Are you ready?
좋아. 우리 같이 연습하면 되겠네. 준비됐어?

Yes, I'm ready. Let's start at the first hole.
응, 준비됐어. 첫 번째 홀부터 시작하자.

Okay, I'm hitting the ball now. Watch me.
그래, 나 지금 공 친다. 봐줘.

Nice shot. I'm lining up my shot next.
나이스 샷. 난 다음 샷을 준비할게.

Thanks, you're doing well. You're having a good time.
고마워, 너 잘하고 있어. 너 골프 연습 좋아하는구나.

Yes, we are.
응, 맞아.

Me, too. Let's keep playing and have fun.
나도. 계속 치면서 즐거운 시간 보내자.

단어 배우기

line up (my shot) 샷을 준비하다
have fun 즐거운 시간을 보내다

keep 동사원형ing 계속해서~하다

Step 2 회화 마스터하기

원어민들의 롤플레이를 듣고, 빈칸에 들어갈 말을 완성해 보세요.

Hi, Mark. What are you doing?
안녕, Mark. 뭐 하고 있었어?

_____
안녕, John. 난 골프 치고 있었지. 같이 칠래?

Sure. How are you playing today?
그럼. 오늘 잘 치고 있어?

_____
그런 것 같아. 난 스윙을 개선하려고 노력 중이야.

That sounds good. I'm practicing my putting.
좋네. 난 퍼팅 연습을 하는 중이야.

_____
좋아. 우리 같이 연습하면 되겠네. 준비됐어?

Yes, I'm ready. Let's start at the first hole.
응, 준비됐어. 첫 번째 홀부터 시작하자.

_____
그래, 나 지금 공 친다. 봐줘.

Nice shot. I'm lining up my shot next.
나이스 샷. 난 다음 샷을 준비할게.

고마워, 너 잘하고 있어. 너 골프 연습 좋아하는구나.

Yes, we are.
응, 맞아.

나도. 계속 치면서 즐거운 시간 보내자.

Step 3 쉐도잉 연습하기

다음은 <현재진행형>이 활용된 이야기입니다.
데니쌤의 쉐도잉 음원을 참고하여 따라 읽어보세요.

I am standing on the beach, and the waves are crashing against the shore. The sun is setting, painting the sky in orange and pink. People are walking along the water, and children are building sandcastles. I am feeling the soft sand under my feet as I look out at the ocean.

Nearby, a group of friends is playing volleyball. They are laughing and shouting as they hit the ball back and forth. Some people are swimming in the sea, while others are relaxing on beach towels. I am watching the scene and enjoying the fresh sea breeze.

Now, I am sitting by the water, watching the sun go down. The sky is growing darker, and the stars are starting to appear. I am thinking about how peaceful this moment is. The sound of the waves is calming, and everyone around me seems happy.

해석하기

나는 해변에 서 있고, 파도가 해안가에 부딪히고 있어. 태양은 지고 있으며, 하늘을 주황색과 분홍색으로 물들이고 있어. 사람들이 물가를 따라 걷고 있고, 아이들은 모래성을 쌓고 있어. 나는 부드러운 모래를 발 아래에서 느끼며 바다를 바라보고 있어. 가까운 곳에서 친구들 무리가 배구를 하고 있어. 그들은 공을 주고받으며 웃고 소리치고 있어. 어떤 사람들은 바다에서 수영을 하고 있고, 다른 사람들은 비치 타월을 깔고 쉬고 있어. 나는 그 장면을 보면서 신선한 바닷바람을 즐기고 있어. 지금 나는 물가에 앉아 해가 지는 것을 보고 있어. 하늘은 점점 어두워지고, 별들이 나타나기 시작했어. 나는 이 순간이 얼마나 평화로운지 생각하고 있어. 파도 소리는 나를 차분하게 만들고, 내 주변의 모든 사람들은 행복해 보이네.

표현 말하기

crash against the shore
- 파도가 해안가에 부딪히다

paint the sky
- 하늘을 물들이다

문법 치트키 08

얼마나 자주인지 횟수를 말하는 빈도부사

Step 1 회화로 말문 트기

일상 대화 속에서 말의 흐름을 따라가며 영어 발음 튜닝 팁을 생각하며 연습해 보세요.

 Hi, Mark. It's great to see you. What are you doing here?
안녕, Mark. 만나서 반가워. 여기서 뭐 하고 있었어?

 Hi, Tom. I'm always coming here to shop. What about you?
안녕, Tom. 난 여기 쇼핑하러 맨날 와. 너는?

 I'm going to the airport. I usually travel for work.
난 공항 가는 중이야. 나 종종 출장가.

 That sounds exciting. How often do you travel?
그거 흥미롭네. 얼마나 자주 출장가?

 I travel about twice a month. How often do you come here?
한 달에 두 번 정도. 넌 얼마나 자주 여기 와?

 I come here every weekend. I like the stores.
난 매 주말마다 와. 가게들을 좋아하거든.

 That's nice. Do you ever travel, Mark?
좋네. Mark, 넌 여행 다녀?

🧑🏾 Yes, but not often. I sometimes visit my family in another city.
응, 근데 자주는 말고. 어쩌다가 다른 도시에 가족 보러 가.

🧑🏽 That's good. I rarely get to see my family because of work.
좋겠다. 난 일 때문에 가족 거의 못 보거든.

🧑🏾 Wow that's tough. Do you ever get time to relax?
힘들겠다. 휴식을 취할 시간은 좀 있나?

🧑🏽 Occasionally. But I'm often busy with meetings.
가끔. 근데 평상시에는 회의 때문에 바빠.

🧑🏾 I see. Have a safe trip. Bye, Tom!
그렇구나. 안전한 여행 되길 바래. 안녕, Tom!

🧑🏽 Thanks, Mark. See you later.
고마워, Mark. 다음에 봐.

단어 배우기

twice a month 한 달에 두 번　　　　Have a safe trip. 안전한 여행 되세요.

Step 2 회화 마스터하기

원어민들의 롤플레이를 듣고, 빈칸에 들어갈 말을 완성해 보세요.

 Hi, Mark. It's great to see you. What are you doing here?
안녕, Mark. 만나서 반가워. 여기서 뭐 하고 있었어?

안녕, Tom. 난 여기 쇼핑하러 맨날 와. 너는?

I'm going to the airport. I usually travel for work.
난 공항 가는 중이야. 나 종종 출장가.

그거 흥미롭네. 얼마나 자주 출장가?

I travel about twice a month. How often do you come here?
한 달에 두 번 정도. 넌 얼마나 자주 여기 와?

난 매 주말마다 와. 가게들을 좋아하거든.

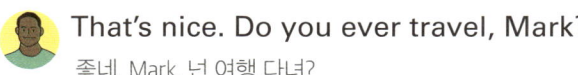

That's nice. Do you ever travel, Mark?
좋네. Mark, 넌 여행 다녀?

응, 근데 자주는 말고. 어쩌다가 다른 도시에 가족 보러 가.

That's good. I rarely get to see my family because of work.

좋겠다. 난 일 때문에 가족 거의 못 보거든.

힘들겠다. 휴식을 취할 시간은 좀 있나?

Occasionally. But I'm often busy with meetings.

가끔. 근데 평상시에는 회의 때문에 바빠.

그렇구나. 안전한 여행 되길 바래. 안녕, Tom!

Thanks, Mark. See you later.

고마워, Mark. 다음에 봐.

Step 3 쉐도잉 연습하기

다음은 <빈도부사>가 활용된 이야기입니다.
데니쌤의 쉐도잉 음원을 참고하여 따라 읽어보세요.

Emily usually wakes up at 7 a.m. She always has a cup of coffee before starting her day. After that, she often goes for a short run around her neighborhood. She rarely misses her morning exercise because it helps her feel energized. During the day, Emily sometimes works from home, but she usually goes to her office. At work, she is always busy with meetings and projects. Her job keeps her on her toes, and she often has to stay late to finish her tasks.

In the evening, Emily never skips dinner with her family. They always have dinner together, and she enjoys the time they spend talking about their day. Occasionally, they go out to eat at a restaurant, but they mostly eat at home. Emily likes to relax with a book before going to bed.

해석하기

Emily는 보통 아침 7시에 일어납니다. 그녀는 항상 하루를 시작하기 전에 커피 한 잔을 마십니다. 그 후, 그녀는 종종 동네를 짧게 달리기를 하러 나갑니다. 아침 운동은 Emily에게 활력을 주기 때문에 거의 빼먹지 않습니다. 낮 동안, Emily는 때때로 집에서 일하지만, 보통 사무실로 출근합니다. 직장에서 그녀는 항상 회의와 프로젝트로 바쁩니다. 그녀의 일은 늘 긴장하게 만들고, 종종 일을 끝내기 위해 늦게까지 일을 합니다. 저녁에는 Emily는 가족과의 저녁을 절대 놓치지 않습니다. 그들은 항상 함께 저녁을 먹으며, 하루 동안 있었던 이야기를 나누는 시간을 즐깁니다. 가끔 식당에 외식하러 나가기도 하지만, 대부분 집에서 식사를 합니다. Emily는 잠자리에 들기 전에 책을 읽으며 휴식을 취하는 것을 좋아합니다.

표현 말하기

neighborhood
- 동네

on her toes
- 긴장한 상태로, 준비된 상태로

work from home
- 재택근무 하다

문법 치트키 09

과거의 상태를 말하는 be동사 과거형

Step 1 회화로 말문 트기

일상 대화 속에서 말의 흐름을 따라가며 영어 발음 튜닝 팁을 생각하며 연습해 보세요.

 Hi, Justin. What are you doing now?
안녕, Justin. 지금 뭐 하고 있어?

 Hi, Timo. I'm on my way to the airport.
안녕, Timo. 난 지금 공항으로 가는 중이야.

 Airport? Why are you going to the airport? It's Monday today.
공항? 공항 왜 가고 있는데? 오늘 월요일이잖아.

 I'm going on a business trip to the States.
나 미국으로 출장 갈거야.

 Oh, I took a day off today.
아, 나는 오늘 휴가 냈어.

 Oh, did you have a day off yesterday too? I called the office but you were not there.
어제도 휴가였었지? 어제 회사로 전화했는데 없더라.

 Yes, I had a day off yesterday too. I was playing basketball all day.
응, 어제도 휴가였어. 나 하루 종일 농구 했어.

Yesterday, I had dinner with Jonathan at my house.
어제 Jonathan이랑 우리 집에서 저녁 먹었어.

Really?
진짜?

Yes, we had a great time yesterday.
응, 우리 어제 좋은 시간 보냈어.

That sounds nice.
즐거웠겠다.

Next time, let's have dinner together.
다음에 우리도 같이 저녁 먹자.

Sure, sounds good. Have a good business trip.
그래, 좋아. 출장 잘 다녀와.

You too. And, don't forget to get some rest. See you when I get back.
너도. 쉬는 거 잊어버리지 말고. 나 돌아오면 보자.

단어 배우기

on one's way to ~로 가는 중
have a day off 하루 휴가를 보내다, 쉬다
take a day off 하루 휴가를 내다

Step 2 회화 마스터하기

원어민들의 롤플레이를 듣고, 빈칸에 들어갈 말을 완성해 보세요.

안녕, Justin. 지금 뭐 하고 있어?

Hi, Timo. I'm on my way to the airport.
안녕, Timo. 난 지금 공항으로 가는 중이야.

공항? 공항 왜 가고 있는데? 오늘 월요일이잖아.

I'm going on a business trip to the States.
나 미국으로 출장 갈거야.

아, 나는 오늘 휴가 냈어.

Oh, did you have a day off yesterday too? I called the office but you were not there.
어제도 휴가였었지? 어제 회사로 전화했는데 없더라.

응, 어제도 휴가였어. 나 하루 종일 농구 했어.

Yesterday, I had dinner with Jonathan at my house.
어제 Jonathan이랑 우리 집에서 저녁 먹었어.

진짜?

Yes, we had a great time yesterday.
응, 우리 어제 좋은 시간 보냈어.

즐거웠겠다.

Next time, let's have dinner together.
다음에 우리도 같이 저녁 먹자.

그래, 좋아. 출장 잘 다녀와.

You too. And, don't forget to get some rest. See you when I get back.
너도. 쉬는 거 잊어버리지 말고. 나 돌아오면 보자.

Step 3 쉐도잉 연습하기

다음은 <be동사 과거형>이 활용된 이야기입니다.
데니쌤의 쉐도잉 음원을 참고하여 따라 읽어보세요.

Last weekend, I was at the beach with my friends. The weather was perfect, and the sun was shining brightly. We were excited to spend the whole day there. The beach was crowded with families, and everyone seemed to be having a good time. There were many kids playing in the sand, and some were swimming in the ocean. In the afternoon, the weather got a little cloudy, but it wasn't too bad. We were still enjoying ourselves, playing volleyball and taking walks along the shore. I was feeling so relaxed, listening to the sound of the waves. My friend Sarah was reading a book under the umbrella, and the others were chatting and laughing together. By evening, we were all tired but happy. We packed our things and headed back to the car. The day was amazing, and we were glad we spent it together. As we drove back home, we talked about how much fun it was and planned to go back again soon.

해석하기

지난 주말, 나는 친구들과 해변에 있었어. 날씨는 완벽했고, 태양은 밝게 빛나고 있었어. 우리는 하루 종일 그곳에서 시간을 보내는 것에 신이 났지. 해변은 가족들로 붐볐고, 모두가 즐거운 시간을 보내는 것처럼 보였어. 모래에서 놀고 있는 아이들이 많았고, 일부는 바다에서 수영을 하고 있었어.

오후가 되자 날씨가 조금 흐려졌지만 그렇게 나쁘지는 않았어. 우리는 여전히 배구를 하거나 해변을 따라 산책하며 즐기고 있었어. 나는 파도 소리를 들으면서 매우 편안함을 느꼈어. 내 친구 Sarah는 파라솔 아래에서 책을 읽고 있었고, 다른 친구들은 함께 이야기를 나누며 웃고 있었어.

저녁이 되자 우리는 모두 피곤했지만 행복했어. 우리는 짐을 챙겨 차로 향했어. 그날은 정말 멋진 하루였고, 함께 보낸 시간이 좋았어. 집으로 돌아가는 길에 우리는 얼마나 즐거웠는지 이야기하며, 다시 가기로 계획했어.

표현 말하기

be excited to
- ~에 신이 났다

everyone seemed to be
- 모두가 ~인 것처럼 보였다

문법 치트키 10

과거의 움직임을 말하는 일반동사 과거형

Step 1 회화로 말문 트기

일상 대화 속에서 말의 흐름을 따라가며 영어 발음 튜닝 팁을 생각하며 연습해 보세요.

Hi, Lee. How was your weekend?
안녕, Lee. 주말 어땠어?

Hi, Mark. It was great. I went on a trip.
안녕, Mark. 정말 좋았어. 나 여행 다녀왔어.

Really? Where did you go?
진짜? 어디로 갔는데?

I went to the mountains. What about you?
산에 갔어. 너는?

I stayed home and relax. What did you do in the mountains?
난 집에서 쉬었어. 산에 가서 뭐 했어?

I hiked and took a lot of photos. The view was amazing.
등산하고 사진도 많이 찍었어. 뷰가 끝내줬어.

That sounds fun. Did you stay overnight?
재밌었겠네. 하룻밤 자고 온 거야?

Yes, I stayed in a small cabin and it was very cozy.
응, 작은 오두막에서 지냈었는데 엄청 아늑했어.

 Did you go alone?
혼자 갔었어?

 No, I went with my family and we had a great time together.
아니, 가족이랑 갔고 아주 좋은 시간을 보냈지.

 That's nice. What did you eat there?
좋겠다. 거기서 뭐 먹었어?

 We cooked some barbecue. It was so delicious.
우리 고기 좀 구워 먹었어. 정말 맛있었어.

 Wow, that sounds wonderful. I should go there sometime.
와, 대박이다. 나도 나중에 가봐야겠다.

 Yes, you should. It's a beautiful place.
응, 꼭 가봐. 아름다운 곳이야.

단어 배우기

stay overnight 하룻밤 머무르다　　　　cabin 오두막

Step 2 회화 마스터하기

원어민들의 롤플레이를 듣고, 빈칸에 들어갈 말을 완성해 보세요.

안녕, Lee. 주말 어땠어?

Hi, Mark. It was great. I went on a trip.
안녕, Mark. 정말 좋았어. 나 여행 다녀왔어.

진짜? 어디로 갔는데?

I went to the mountains. What about you?
산에 갔어. 너는?

난 집에서 쉬었어. 산에 가서 뭐 했어?

I hiked and took a lot of photos. The view was amazing.
등산하고 사진도 많이 찍었어. 뷰가 끝내줬어.

재밌었겠네. 하룻밤 자고 온 거야?

Yes, I stayed in a small cabin and it was very cozy.
응, 작은 오두막에서 지냈었는데 엄청 아늑했어.

혼자 갔었어?

No, I went with my family and we had a great time together.
아니, 가족이랑 갔고 아주 좋은 시간을 보냈지.

좋겠다. 거기서 뭐 먹었어?

 We cooked some barbecue. It was so delicious.
우리 고기 좀 구워 먹었어. 정말 맛있었어.

와, 대박이다. 나도 나중에 가봐야겠다.

 Yes, you should. It's a beautiful place.
응, 꼭 가봐. 아름다운 곳이야.

Step 3 쉐도잉 연습하기

다음은 <일반동사 과거형>이 활용된 이야기입니다.
데니쌤의 쉐도잉 음원을 참고하여 따라 읽어보세요.

Yesterday, Emily went to the park with her dog. She walked along the path, enjoying the cool breeze. Many people were there, and they all seemed to be having a good time. Emily met a friend and they talked for a while. Afterward, she played fetch with her dog in the open field. Emily didn't stay at the park for too long because she had some work to do at home. She didn't bring her picnic basket either, so she couldn't stay for lunch. Her dog looked tired after running, so they both decided to head back home earlier than planned.

When Emily returned home, her mother asked, "Did you have fun at the park?" Emily replied, "Yes, I did! The weather was perfect, and the park was beautiful today." Her mother smiled and said, "That's great! Maybe next time, we can all go together."

해석하기

어제, Emily는 그녀의 강아지와 함께 공원에 갔습니다. 그녀는 길을 따라 걸으며 시원한 바람을 즐겼습니다. 많은 사람들이 그곳에 있었고, 모두 즐거운 시간을 보내는 것처럼 보였습니다. Emily는 친구를 만나 잠시 이야기를 나누었습니다. 그 후, 그녀는 넓은 들판에서 강아지와 함께 공놀이를 했습니다. Emily는 집에서 해야 할 일이 있었기 때문에 공원에 오래 머무르지 않았습니다. 또한, 그녀는 피크닉 바구니를 가져오지 않아서 점심을 먹을 수 없었습니다. 강아지가 뛰어다닌 후 피곤해 보여서, 계획보다 일찍 집으로 돌아가기로 했습니다. 집에 돌아왔을 때, Emily의 어머니가 물었습니다. "공원에서 즐거운 시간 보냈니?" Emily는 "네, 그랬어요! 날씨도 완벽했고, 오늘 공원도 정말 아름다웠어요."라고 대답했습니다. 어머니는 미소를 지으며 말했습니다. "그거 참 좋구나! 다음번에는 우리 모두 함께 가면 좋겠네."

표현 말하기

enjoy the cool breeze
- 시원한 바람을 즐기다

head back from
- 집으로 돌아가다

문법 치트키 11

수와 양을 나타내는 수량형용사

Step 1 회화로 말문 트기

일상 대화 속에서 말의 흐름을 따라가며 영어 발음 튜닝 팁을 생각하며 연습해 보세요.

Hi, Jay. How was your weekend?
안녕, Jay. 주말은 어땠어?

Hi, Jin. It was good. I had a lot of fun. What about you?
안녕, Jin. 좋았어. 즐거운 시간 보냈거든. 너는?

I was busy. I had a lot of thing to do.
난 바빴어. 할 일이 많았거든.

Really? Like what?
진짜? 어떤 것이?

You know, cooking, cleaning and so on.
뭐, 알잖아, 요리하고, 청소하고 등등.

Sounds good. Did you get some break?
그렇구나. 좀 쉬긴 했어?

Just a little. I watched a few episodes of my favorite show.
조금. 내가 제일 좋아하는 예능 몇 회차를 봤어.

Oh, that's good. I spent a lot of time with my family.
좋았겠다. 난 가족이랑 많은 시간을 보냈어.

Nice. Did you go anywhere special?
좋네. 어디 특별한 곳 갔어?

Oh yes. We went to a park and there were a lot of people. But we found a few quiet spots.
응. 우리 공원 갔는데 사람이 엄청 많더라. 근데 조용한 곳 몇 군데를 찾긴 했어.

That sounds lovely. I wanted to go to the park too, but I had little time.
다행이네. 나도 공원에 가고 싶었는데 시간이 부족했어.

Maybe next time we should go together.
다음에 우리 같이 가도 되겠다.

Yes, let's do that. I need a little fresh air and relaxation.
응, 그러자. 나 좀 시원한 공기와 휴식이 필요해.

Absolutely. A few hours at the park can be great for both of us.
완전히. 공원에서 몇 시간 보내는 것은 우리에게 아주 좋은 일일 것 같아.

단어 배우기

fresh air and relaxation 신선한 공기와 휴식

Step 2 회화 마스터하기

원어민들의 롤플레이를 듣고, 빈칸에 들어갈 말을 완성해 보세요.

Hi, Jay. How was your weekend?
안녕, Jay. 주말은 어땠어?

_____
___
안녕, Jin. 좋았어. 즐거운 시간 보냈거든. 너는?

I was busy. I had a lot of thing to do.
난 바빴어. 할 일이 많았거든.

_____
진짜? 어떤 것이?

You know, cooking, cleaning and so on.
뭐, 알잖아. 요리하고, 청소하고 등등.

_____
그렇구나. 좀 쉬긴 했어?

Just a little. I watched a few episodes of my favorite show.
조금. 내가 제일 좋아하는 예능 몇 회차를 봤어.

_____
___
좋았겠다. 난 가족이랑 많은 시간을 보냈어.

Nice. Did you go anywhere special?
좋네. 어디 특별한 곳 갔어?

응. 우리 공원 갔는데 사람이 엄청 많더라. 근데 조용한 곳 몇 군데를 찾긴 했어.

That sounds lovely. I wanted to go to the park too, but I had little time.
다행이네. 나도 공원에 가고 싶었는데 시간이 부족했어.

다음에 우리 같이 가도 되겠다.

Yes, let's do that. I need a little fresh air and relaxation.
응, 그러자. 나 좀 시원한 공기와 휴식이 필요해.

완전히. 공원에서 몇 시간 보내는 것은 우리에게 아주 좋은 일일 것 같아.

Step 3　쉐도잉 연습하기

다음은 <수량형용사>가 활용된 이야기입니다.
데니쌤의 쉐도잉 음원을 참고하여 따라 읽어보세요.

Last weekend, Maria had a lot of things to do. She cleaned her house, did the laundry, and cooked some food. She didn't have much free time, but she tried to take short breaks. During these breaks, she drank a little coffee and watched a few videos on her phone.

On Sunday, Maria went to the supermarket. There were a lot of people, so it was crowded. She bought a few vegetables, a little milk, and some bread. She didn't buy many things because she already had most of what she needed at home.

After shopping, Maria went to a nearby park. There were only a few people there, so it was peaceful. She found a quiet spot, sat down, and enjoyed a little fresh air. It was a busy weekend, but Maria felt happy that she got a lot of things done.

해석하기

지난 주말에 Maria는 할 일이 많았습니다. 그녀는 집을 청소하고, 빨래를 하고, 음식을 좀 만들었습니다. 자유 시간이 많지는 않았지만, 짧은 휴식을 취하려고 노력했어요. 휴식 중에는 커피를 조금 마시고, 휴대폰으로 몇 개의 영상을 봤습니다.

일요일에 Maria는 슈퍼마켓에 갔습니다. 사람들이 많아서 붐볐습니다. 그녀는 야채 몇 가지, 우유 조금, 그리고 빵을 샀습니다. 이미 집에 필요한 물건들이 거의 있어서 많은 것을 사지는 않았습니다.

장을 본 후, Maria는 근처 공원에 갔습니다. 그곳에는 사람들이 몇 명밖에 없어서 조용했습니다. 그녀는 조용한 자리를 찾아 앉아, 신선한 공기를 조금 즐겼습니다. 바쁜 주말이었지만, Maria는 많은 일을 해내서 기분이 좋았습니다.

표현 말하기

take short breaks
- 짧은 휴식을 취하다

most of what she needed
- 그녀가 필요한 것 대부분

get a lot of things done
- 많은 일을 해내다

문법 치트키 12

미래를 말하는 조동사 will

Step 1 회화로 말문 트기

일상 대화 속에서 말의 흐름을 따라가며 영어 발음 튜닝 팁을 생각하며 연습해 보세요.

 Hi, Jay. Do you have any plans for tomorrow?
안녕, Jay. 내일 스케줄 있어?

 Hi, Jin. Yes, I do. I will visit my grandmother.
안녕, Jin. 응, 있어. 우리 할머니 보러 갈 거야.

 Oh, that sounds nice. I'll go hiking with some friends.
좋겠다. 나는 친구들이랑 등산하러 갈 거야.

 Wow, that's great. So where will you go?
와, 대박. 어디로 갈 거야?

 We will go to the mountains near the city. What will you do at your grandmother's place?
우린 시내 근처에 있는 산으로 갈 거야. 넌 할머니 집 가서 뭐 할 거야?

 I will have a family dinner.
가족끼리 저녁 식사를 할 거야.

 That sounds lovely. Will you stay there overnight?
좋네. 거기서 자고 올 거야?

Yes, I'll stay there until the evening. Will you come in the same day?
응, 오후 늦게까지 있을 것 같아. 너는 당일에 돌아올 거야?

No, we'll camp overnight and come back the next day.
아니, 우리는 캠핑으로 1박 하고 다음 날 돌아올 거야.

That sounds exciting. I hope you have a great time.
재밌겠다. 좋은 시간 보내길 바라.

Thanks, Jay. I hope you have a wonderful time with your grandmother.
고마워, Jay. 너도 할머니랑 좋은 시간 보내길 바랄게.

Thank you, Jin. Let's catch up later and share our stories.
고마워, Jin. 나중에 만나서 이야기 하자.

Sure, I will look forward to it. See you later.
당연하지. 기대된다. 나중에 봐.

See you then.
그때 봐.

단어 배우기

overnight 1박, 밤새
share 공유하다, 나누다

Let's catch up later! 나중에 만나서 이야기 나누자!
look forward to (동)명사 ~를 기대하다

Step 2 회화 마스터하기

원어민들의 롤플레이를 듣고, 빈칸에 들어갈 말을 완성해 보세요.

Hi, Jay. Do you have any plans for tomorrow?
안녕, Jay. 내일 스케줄 있어?

_____
안녕, Jin. 응, 있어. 우리 할머니 보러 갈 거야.

Oh, that sounds nice. I'll go hiking with some friends.
좋겠다. 나는 친구들이랑 등산하러 갈 거야.

_____
와, 대박. 어디로 갈 거야?

We will go to the mountains near the city. What will you do at your grandmother's place?
우린 시내 근처에 있는 산으로 갈 거야. 넌 할머니 집 가서 뭐 할 거야?

_____
가족끼리 저녁 식사를 할 거야.

That sounds lovely. Will you stay there overnight?
좋네. 거기서 자고 올 거야?

_____
응, 오후 늦게까지 있을 것 같아. 너는 당일에 돌아올 거야?

No, we'll camp overnight and come back the next day.
아니, 우리는 캠핑으로 1박 하고 다음 날 돌아올 거야.

재밌겠다. 좋은 시간 보내길 바라.

 Thanks, Jay. I hope you have a wonderful time with your grandmother.
고마워, Jay. 너도 할머니랑 좋은 시간 보내길 바랄게.

고마워, Jin. 나중에 만나서 이야기 하자.

 Sure, I will look forward to it. See you later.
당연하지. 기대된다. 나중에 봐.

그때 봐.

Step 3 쉐도잉 연습하기

다음은 <조동사 will>이 활용된 이야기입니다.
데니쌤의 쉐도잉 음원을 참고하여 따라 읽어보세요.

Sarah will have a busy weekend. On Saturday, she will clean her house in the morning. She will vacuum the floors, wash the dishes, and tidy up the living room. After that, she will meet her friend Emma at the mall. They will do some shopping and will have lunch together. Sarah will buy a new dress because she has a party to attend next week. In the afternoon, Sarah won't go to the gym because she will be too tired from cleaning and shopping. Instead, she will relax at home and watch a movie. Will she watch a comedy or a drama? She isn't sure yet, but she will decide later. On Sunday, Sarah will visit her parents. She will help her mom cook lunch, and they will have a family meal together. After lunch, she will walk in the park with her dad. They will talk about her job and upcoming plans. Sarah's weekend will be both productive and fun!

해석하기

Sarah는 이번 주말에 바쁘게 지낼 거예요. 토요일 아침에는 집 청소를 할 예정이에요. 바닥 청소하고, 설거지도 하고, 거실도 정리할 거예요. 그다음에 친구 Emma를 만나서 쇼핑몰에 갈 거예요. 둘이 같이 쇼핑도 하고 점심도 먹을 거예요. Sarah는 다음 주에 파티가 있어서 새 드레스를 살 계획이에요. 오후에는 피곤해서 헬스장에 가지 않을 예정이에요. 대신 집에서 쉬면서 영화나 볼 거예요. 코미디를 볼지 드라마를 볼지 아직 못 정했지만, 나중에 결정할 거예요. 일요일에는 부모님 댁에 갈 거예요. 엄마와 같이 점심 준비도 도와드리고 가족끼리 식사할 예정이에요. 점심 먹고 나서는 아빠와 함께 공원에서 산책할 거예요. 직장 일이나 앞으로의 계획에 대해서도 이야기할 거예요. Sarah의 주말은 많은 것을 하면서도 즐거울 거예요!

표현 말하기

tidy up
- 정리하다

upcoming plan
- 다가오는 계획

productive
- 생산적인

문법 치트키 13

'그때'를 연결하는 접속사 when

Step 1 회화로 말문 트기

일상 대화 속에서 말의 흐름을 따라가며 영어 발음 튜닝 팁을 생각하며 연습해 보세요.

 Hey, Do Yeon, how is it going?
도연아, 잘 지내?

 Oh, hey Dong Joon, long time no see. I'm good and you?
오, 동준아, 오랜만이야. 난 잘 지내지, 너는?

 I'm good too, thanks. What did you do yesterday?
나도야, 고마워. 어제 뭐 했어?

 I went to a concert yesterday and it was awesome.
나 어제 콘서트 갔어. 끝내줬어.

 Really? Sounds fun. How was it?
정말? 재밌었겠다. 어땠어?

 When the singer was performing, I was so happy. I love listening to music.
가수가 공연하고 있을 때 나 정말 행복했어. 노래 듣는 걸 매우 좋아하거든.

I went to a concert last year too. I screamed when I was listening to the music.
나도 작년에 콘서트 갔었어. 음악 듣고 있었을 때 소리 질렀어.

 Same here. Did you get the singer's autograph when it ended?
나도 마찬가지야. 끝나고 가수 사인받았어?

 No, I took a picture instead.
아니, 대신 사진 찍었어.

 I see. Let's go to a concert together next time.
그렇구나. 다음엔 같이 콘서트 가자.

 Definitely. See you next time.
진짜로. 다음에 보자.

 Bye, see you later.
안녕, 다음에 봐.

단어 배우기

awesome 끝내주는, 멋진
scream 소리지르다

autograph 사인
Same here. 나도 마찬가지야.

Step 2 회화 마스터하기

원어민들의 롤플레이를 듣고, 빈칸에 들어갈 말을 완성해 보세요.

Hey, Do Yeon, how is it going?
도연아, 잘 지내?

오, 동준아, 오랜만이야. 난 잘 지내지, 너는?

I'm good too, thanks. What did you do yesterday?
나도야, 고마워. 어제 뭐 했어?

나 어제 콘서트 갔어. 끝내줬어.

Really? Sounds fun. How was it?
정말? 재밌었겠다. 어땠어?

가수가 공연하고 있을 때 나 정말 행복했어. 노래 듣는 걸 매우 좋아하거든.

I went to a concert last year too. I screamed when I was listening to the music.
나도 작년에 콘서트 갔었어. 음악 듣고 있었을 때 소리 질렀어.

나도 마찬가지야. 끝나고 가수 사인받았어?

No, I took a picture instead.
아니, 대신 사진 찍었어.

그렇구나. 다음엔 같이 콘서트 가자.

Definitely. See you next time.
진짜로. 다음에 보자.

안녕, 다음에 봐.

Step 3 쉐도잉 연습하기

다음은 <접속사 when>이 활용된 이야기입니다.
데니쌤의 쉐도잉 음원을 참고하여 따라 읽어보세요.

Yesterday, I stayed at home because it was raining. When the rain started in the morning, I was drinking coffee and reading a book. It was peaceful and quiet. When I finished the book, I decided to make lunch.

In the afternoon, my friend called me. When I picked up the phone, she asked if I wanted to go out, but I said no. I didn't want to leave the house because of the rain. So, I watched a movie instead.

When the rain stopped in the evening, I felt much better. I opened the window, and the air was fresh. I will remember this rainy day for a long time because it was calm and relaxing.

해석하기

어제는 비가 와서 집에 있었어. 아침에 비가 내리기 시작했을 때, 나는 커피를 마시면서 책을 읽고 있었어. 아주 평화롭고 조용했지. 책을 다 읽었을 때, 점심을 만들어야겠다고 생각했어.

오후에 친구가 전화를 했어. 내가 전화를 받았을 때, 친구가 나가고 싶냐고 물었지만, 나는 아니라고 했어. 비가 와서 집을 나가고 싶지 않았거든. 그래서 대신 영화를 봤어.

저녁에 비가 그쳤을 때, 기분이 훨씬 나아졌어. 창문을 열었더니 공기가 신선하더라고. 이 비 오는 날을 오랫동안 기억할 것 같아. 너무 평온하고 편안했거든.

표현 말하기

pick up the phone
- 전화를 받다

calm
- 평온한

She asked if I wanted to go out
- 그녀는 내가 나가고 싶은지 물었다

문법 치트키 14

의무 표현을 말하는 조동사 have to

Step 1 회화로 말문 트기

일상 대화 속에서 말의 흐름을 따라가며 영어 발음 튜닝 팁을 생각하며 연습해 보세요.

 Hi, Jin. You look tired. Are you okay?
안녕, Jin. 너 피곤해 보인다, 괜찮아?

 Hi, Mark. I'm just very busy. I have to finish a lot of work today.
안녕, Mark. 난 그냥 많이 바쁠 뿐이야. 오늘 끝내야 할 일이 많거든.

 What do you have to do?
무엇을 해야 하는 거야?

 I have to complete these reports and send them to the manager.
이 리포트들을 마치고 팀장님께 보내 드려야 해.

 That sounds tough. Do you have to stay late?
힘들겠다. 야근해야 해?

 Oh, yes. I think I have to stay until 9p.m.
응. 내 생각엔 9시 정도까진 있어야 할 것 같아.

 Oh, no, that's really late.
오, 그건 정말 늦은 건데.

And you know what? I have to be here by 7am for a meeting.
그리고 또 뭔지 알아? 나 아침 7시까지 미팅 때문에 와야 해.

 You have to take care of yourself.
너 컨디션 관리해야겠다.

 I will. Thanks Mark. I have to go now and finish my work.
그래야지. 고마워, Mark. 나 이제 일 끝내러 가야 해.

 Okay, I wish you good luck. If you need help, let me know.
그래, 행운을 빌게. 도움 필요하면 알려줘.

 Thanks, I will. See you later.
고마워, 그럴게. 나중에 보자.

 See you later, Jin. Take care.
나중에 봐, Jin. 몸 챙겨.

take care of 돌보다, 관리하다   That sounds tough. 힘들겠다.

Step 2 회화 마스터하기

원어민들의 롤플레이를 듣고, 빈칸에 들어갈 말을 완성해 보세요.

Hi, Jin. You look tired. Are you okay?
안녕, Jin. 너 피곤해 보인다, 괜찮아?

안녕, Mark. 난 그냥 많이 바쁠 뿐이야. 오늘 끝내야 할 일이 많거든.

What do you have to do?
무엇을 해야 하는 거야?

이 리포트들을 마치고 팀장님께 보내 드려야 해.

That sounds tough. Do you have to stay late?
힘들겠다. 야근해야 해?

응. 내 생각엔 9시 정도까진 있어야 할 것 같아.

Oh, no, that's really late.
오, 그건 정말 늦은 건데.

그리고 또 뭔지 알아? 나 아침 7시까지 미팅 때문에 와야 해.

You have to take care of yourself.
너 컨디션 관리해야겠다.

 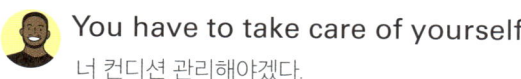

그래야지. 고마워, Mark. 나 이제 일 끝내러 가야 해.

 Okay, I wish you good luck. If you need help let me know.
그래, 행운을 빌게. 도움 필요하면 알려줘.

고마워, 그럴게. 나중에 보자.

 See you later, Jin. Take care.
나중에 봐, Jin. 몸 챙겨.

Step 3 쉐도잉 연습하기

다음은 <조동사 have to>가 활용된 이야기입니다.
데니쌤의 쉐도잉 음원을 참고하여 따라 읽어보세요.

Today, Lisa has a lot to do at work. She has to finish a big report by 5 p.m., and she has to send emails to several clients. She knows it will be a busy day, so she starts early to make sure everything gets done.

Her colleague, John, comes by and asks, "Do you have to attend the meeting this afternoon?" Lisa replies, "No, I don't have to go to that meeting. I can focus on my report instead." She feels relieved because she can use the extra time to finish her work.

At the end of the day, Lisa feels tired but satisfied. She completed her report and sent all the emails. "I have to take care of myself and rest tonight," she thinks. Lisa knows that tomorrow, she doesn't have to work late, so she can relax and enjoy her evening.

해석하기

오늘 Lisa는 직장에서 해야 할 일이 많아요. Lisa는 5시까지 큰 보고서를 끝내야 하고, 여러 고객에게 이메일을 보내야 해요. 오늘이 바쁜 날이 될 것을 알고 있기 때문에, 일을 모두 끝낼 수 있도록 일찍 시작해요.

Lisa의 동료인 John이 다가와서 묻습니다. "오늘 오후 회의에 참석해야 해?" Lisa가 대답해요. "아니, 나는 그 회의에 참석할 필요가 없어. 대신 보고서에 집중할 수 있겠어." Lisa는 회의에 가지 않아도 돼서 안도감을 느껴요. 추가 시간을 활용해 일을 끝낼 수 있을 것 같아요.

하루가 끝날 무렵, Lisa는 피곤하지만 만족스러워요. 보고서를 완료하고 모든 이메일을 보냈거든요. "오늘 밤에는 나 자신을 돌보고 휴식을 취해야 해," 라고 생각해요. Lisa는 내일은 야근할 필요가 없기 때문에, 오늘 저녁에는 편히 쉬고 즐길 수 있을 거예요.

표현 말하기

colleague
- 동료

relieved
- 안도한

문법 치트키 15

지금까지를 말하는 현재완료

Step 1 회화로 말문 트기

일상 대화 속에서 말의 흐름을 따라가며 영어 발음 튜닝 팁을 생각하며 연습해 보세요.

 Hi, Mark. Have you ever traveled abroad?
안녕, Mark. 해외 여행 가 본 적 있어?

 Hi, Jin. Yes, I've been abroad a few times.
안녕, Jin. 응, 몇 번 가봤어.

 Really? Where?
진짜? 어디?

 Japan, France, and Canada. How about you?
일본, 프랑스, 캐나다. 너는?

 Just once to Thailand.
태국 한 번 갔다 왔어.

 Nice! How was it?
좋네! 어땠어?

 Amazing. I've never seen such beautiful places.
완전 좋았어. 그렇게 아름다운 곳은 처음이었어.

 Did you try the local food?
현지 음식 먹어봤어?

Yes, it was delicious!
응, 엄청 맛있었어!

 I want to visit Thailand. How long did you stay?
나도 태국 가고 싶다. 며칠 있었어?

 Two weeks. Took lots of photos.
2주. 사진도 많이 찍었어.

 Cool. I just finished planning a trip to Italy!
좋네. 나도 방금 이탈리아 여행 준비 끝냈어!

 Sounds exciting! Flights booked?
좋겠다! 비행기표는 예약했어?

 Yes, flights and hotels are all set. Can't wait!
응, 다 예약했어. 완전 기대돼!

 You'll love it. Italy is beautiful.
좋아할 거야. 이탈리아 정말 예쁘대.

단어 배우기

travel abroad 해외 여행을 가다
local food 현지 음식

amazing 놀라운, 멋진
book 예약하다

Step 2 회화 마스터하기

원어민들의 롤플레이를 듣고, 빈칸에 들어갈 말을 완성해 보세요.

안녕, Mark. 해외 여행 가 본 적 있어?

Hi, Jin. Yes, I've been abroad a few times.
안녕, Jin. 응, 몇 번 가봤어.

진짜? 어디?

Japan, France, and Canada. How about you?
일본, 프랑스, 캐나다. 너는?

태국 한 번 갔다 왔어.

Nice! How was it?
좋네! 어땠어?

완전 좋았어. 그렇게 아름다운 곳은 처음이었어.

Did you try the local food?
현지 음식 먹어봤어?

응, 엄청 맛있었어!

I want to visit Thailand. How long did you stay?
나도 태국 가고 싶다. 며칠 있었어?

2주. 사진도 많이 찍었어.

Cool. I just finished planning a trip to Italy!
좋네. 나도 방금 이탈리아 여행 준비 끝냈어!

좋겠다! 비행기표는 예약했어?

Yes, flights and hotels are all set. Can't wait!
응, 다 예약했어. 완전 기대돼!

좋아할 거야. 이탈리아 정말 예쁘대.

Step 3 쉐도잉 연습하기

다음은 <현재완료>가 활용된 이야기입니다.
데니쌤의 쉐도잉 음원을 참고하여 따라 읽어보세요.

John has just started a new job. He has worked at his company for two weeks now. Every day, he learns something new. He has met many new people and has made a few friends. So far, John has enjoyed his job, but he hasn't finished learning everything yet. Last week, John's boss asked him to lead a project. He has never led a project before, so he felt a bit nervous. However, he has already started working on it and feels more confident now. John hasn't made any big mistakes yet, but he knows there's still a lot to do. He has prepared for this challenge and is excited to see how it goes.

해석하기

John은 막 새로운 직장을 시작했습니다. 그는 이 회사에서 이제 2주 동안 일해왔습니다. 매일 그는 새로운 것을 배웁니다. 그는 많은 새로운 사람들을 만났고 몇 명의 친구도 사귀었습니다. 지금까지 John은 직장을 즐기고 있지만, 아직 모든 것을 다 배우지는 못했습니다.

지난주에 John의 상사는 그에게 프로젝트를 맡겼습니다. 그는 한 번도 프로젝트를 맡아본 적이 없어서 조금 긴장했습니다. 하지만 그는 이미 일을 시작했고, 이제 더 자신감을 느낍니다. John은 아직 큰 실수를 하지 않았지만, 할 일이 많이 남아있다는 것을 알고 있습니다. 그는 이 도전을 준비했고, 어떻게 될지 기대하고 있습니다.

표현 말하기

have never led
- 한 번도 맡아본 적이 없다

confident
- 자신감 있는

challenge
- 도전

문법 치트키 16

동사 하나면 되는 to부정사

Step 1 회화로 말문 트기

일상 대화 속에서 말의 흐름을 따라가며 영어 발음 튜닝 팁을 생각하며 연습해 보세요.

 Hi, Jin. Do you have a minute to discuss the new project?
안녕하세요, Jin. 새 프로젝트에 대해 잠시 이야기할 수 있을까요?

 Hi, Mark. Sure. What do we have to do first?
네, Mark. 뭐부터 시작할까요?

 We need to make a plan to present to the client.
고객에게 제시할 계획을 세워야 해요.

 Got it. Who's leading the project?
알겠어요. 누가 프로젝트를 주도하나요?

 I'd like to lead it but need your support.
제가 이끌고 싶은데 당신의 도움이 필요해요.

 Of course. What tasks should I handle?
그럼요. 제가 맡을 일은요?

 Please gather data and prepare the initial report.
데이터 수집하고 초기 보고서 준비해 주세요.

Will do. When do we start?
그렇게 할게요. 언제 시작할까요?

 Next Monday. Is that okay?
다음 주 월요일 괜찮으세요?

 Yes, Monday works. Should we meet beforehand?
네, 괜찮아요. 그 전에 회의 잡을까요?

 Yes, let's outline team responsibilities on Friday.
네, 금요일에 팀 책임을 정리해요.

 Got it. I'll set up the meeting. Anything else?
알겠어요. 회의 잡아둘게요. 또 준비할 게 있나요?

 We also need a budget for finance.
재무 부서에 제출할 예산도 필요해요.

 I'll handle it and send it by Thursday.
목요일까지 예산안 보내드릴게요.

 Thanks, Jin. I appreciate your help.
고마워요, Jin. 도와주셔서 감사해요.

lead 이끌다, 주도하다
gather 모으다, 수집하다
task 일, 작업
appreciate 감사하다

Step 2 회화 마스터하기

원어민들의 롤플레이를 듣고, 빈칸에 들어갈 말을 완성해 보세요.

안녕하세요, Jin. 새 프로젝트에 대해 잠시 이야기할 수 있을까요?

Hi, Mark. Sure. What do we have to do first?
네, Mark. 뭐부터 시작할까요?

고객에게 제시할 계획을 세워야 해요.

Got it. Who's leading the project?
알겠어요. 누가 프로젝트를 주도하나요?

제가 이끌고 싶은데 당신의 도움이 필요해요.

Of course. What tasks should I handle?
그럼요. 제가 맡을 일은요?

데이터 수집하고 초기 보고서 준비해 주세요.

Will do. When do we start?
그렇게 할게요. 언제 시작할까요?

다음 주 월요일 괜찮으세요?

Yes, Monday works. Should we meet beforehand?
네, 괜찮아요. 그 전에 회의 잡을까요?

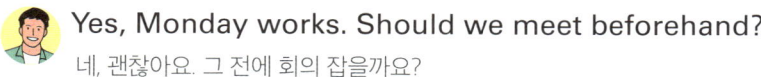
네, 금요일에 팀 책임을 정리해요.

Got it. I'll set up the meeting. Anything else?
알겠어요. 회의 잡아둘게요. 또 준비할 게 있나요?

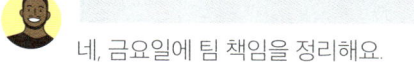
재무 부서에 제출할 예산도 필요해요.

I'll handle it and send it by Thursday.
목요일까지 예산안 보내드릴게요.

고마워요, Jin. 도와주셔서 감사해요.

Step 3 쉐도잉 연습하기

다음은 <to부정사>가 활용된 이야기입니다.
데니쌤의 쉐도잉 음원을 참고하여 따라 읽어보세요.

This weekend, Sarah is planning to visit her family. She wants to spend time with them because she hasn't seen them in a long time. Her mother asked her to bring some fruits, so she went to the store to buy them. But Sarah couldn't find anything to bring at first. She asked the shopkeeper, "Do you have anything to recommend?" Finally, she found the perfect fruits. At work, Sarah needed to finish her tasks early. She asked her boss, "Do I need to stay late today?" Her boss told her, "No, you don't need to stay late. You can leave early." Sarah was happy not to work overtime because she had many things to do before visiting her family. On Friday evening, Sarah was ready to drive home. She checked her bag to make sure she had everything. She found nothing to worry about. Now, she is ready to relax and enjoy her weekend with her family. Sarah feels prepared and excited for the weekend.

해석하기

이번 주말에 Sarah는 가족을 방문할 계획입니다. 그녀는 가족과 시간을 보내고 싶습니다, 왜냐하면 오랜만에 만나기 때문입니다. 그녀의 어머니가 과일을 가져오라고 부탁하셔서 Sarah는 사기 위해 가게에 갔습니다. 하지만 처음에는 가져갈 과일을 찾을 수 없었습니다. 그래서 Sarah는 가게 주인에게 "추천할 만한 것이 있나요?"라고 물었습니다. 마침내 그녀는 딱 맞는 과일을 찾았습니다. 직장에서 Sarah는 일을 일찍 끝내야 했습니다. 그녀는 상사에게 "오늘 늦게까지 있어야 하나요?"라고 물었습니다. 상사는 "아니, 늦게까지 있을 필요 없어. 일찍 가도 돼."라고 말했습니다. Sarah는 야근하지 않아도 돼서 기뻤습니다, 왜냐하면 가족을 방문하기 전에 해야 할 일이 많았기 때문입니다. 금요일 저녁, Sarah는 집에 운전할 준비가 되었습니다. 그녀는 필요한 것이 모두 있는지 확인하기 위해 가방을 확인했습니다. 그녀는 걱정할 것이 없다는 걸 알았습니다. 이제 Sarah는 편안히 쉬고 주말을 가족과 즐길 준비가 되었습니다. Sarah는 주말을 기대하며 모든 준비가 다 됐다고 느낍니다.

표현 말하기

recommend
- 추천하다

work overtime
- 야근하다

문법 치트키 17

형용사로 표현하는 비교급과 최상급

Step 1 회화로 말문 트기

일상 대화 속에서 말의 흐름을 따라가며 영어 발음 튜닝 팁을 생각하며 연습해 보세요.

Hi, Tom. I went to Halla Mountain yesterday.
안녕, Tom. 난 어제 한라산에 다녀왔어.

Oh, you did? Why?
오, 진짜? 왜?

Because I had a family meeting in Jeju and Jeju was really warm.
왜냐면 제주도에 가족 모임이 있었고 날씨가 매우 따뜻했어.

Oh, is Halla Mountain high?
한라산 높아?

Halla Mountain is the highest one I've ever been to. But going up to the Halla Mountain was not easy.
한라산은 내가 여태까지 가 본 산 중에 제일 높아. 근데 한라산을 오르는 것은 쉽지 않았어.

How long did it take?
얼마 정도 걸렸어?

It took about 6 hours. And there were so many tourists in Halla Mountain.

6시간 정도 걸렸어. 그리고 한라산엔 관광객이 엄청 많았어.

Alright. Jeju is so fantastic island. You know what? I've been three times.

알았어. 제주는 정말 환상적인 섬이야. 그거 알아? 나 3번이나 갔다 왔어.

Oh, yeah. Then, have you ever been to Halla Mountain before?

대단하다. 한라산에 가본 적은 있어?

No, I don't like hiking. I just enjoyed the food.

아니, 난 등산을 싫어하거든. 그냥 음식이 맛있었어.

I think you need to lose your weight for your health. I know you're not fat but for your health, you have to work out every day.

넌 건강을 위해 살을 좀 빼야 할 것 같아. 뚱뚱하지 않다는 걸 알지만 그래도 건강을 위해 매일 운동을 해야 해.

Okay I will, thank you. And I will go to gym everyday next year.

알아, 고마워. 그렇게. 내년부터는 매일 헬스장을 갈 거야.

단어 배우기

enjoy the food 음식을 즐기다
work out 운동하다

lose weight 살을 빼다
go to gym 헬스장에 가다

Step 2 회화 마스터하기

원어민들의 롤플레이를 듣고, 빈칸에 들어갈 말을 완성해 보세요.

안녕, Tom. 난 어제 한라산에 다녀왔어.

Oh, you did? Why?
오, 진짜? 왜?

왜냐면 제주도에 가족 모임이 있었고 날씨가 매우 따뜻했어.

Oh, is Halla Mountain high?
한라산 높아?

한라산은 내가 여태까지 가 본 산 중에 제일 높아. 근데 한라산을 오르는 것은 쉽지 않았어.

How long did it take?
얼마 정도 걸렸어?

6시간 정도 걸렸어. 그리고 한라산엔 관광객이 엄청 많았어.

Alright. Jeju is so fantastic island. You know what? I've been three times.

알았어. 제주는 정말 환상적인 섬이야. 그거 알아? 나 3번이나 갔다 왔어.

대단하다. 한라산에 가본 적은 있어?

 No, I don't like hiking. I just enjoyed the food.

아니, 난 등산을 싫어하거든. 그냥 음식이 맛있었어.

넌 건강을 위해 살을 좀 **빼야** 할 것 같아. 뚱뚱하지 않다는 걸 알지만 그래도 건강을 위해 매일 운동을 해야 해.

 Okay I will, thank you. And I will go to gym everyday next year.

알아, 고마워. 그렇게. 내년부터는 매일 헬스장을 갈 거야.

Step 3 쉐도잉 연습하기

다음은 <비교급과 최상급>이 활용된 이야기입니다.
데니쌤의 쉐도잉 음원을 참고하여 따라 읽어보세요.

Yesterday, Lisa and her friend John went to the park. Lisa said, "This park is bigger than the one near my house." John agreed, saying, "Yes, and the trees here are taller than the ones at my local park." They both liked the park because it was much more peaceful than other places they had visited.

Later, they saw three kids playing soccer. John said, "That boy is the fastest player on the field." Lisa added, "Yes, and he's also the best at passing the ball." They watched for a while, amazed at how skilled the players were. The boy they watched was clearly better than the others.

After enjoying the day, Lisa said, "This is the nicest park I've ever been to." John nodded, agreeing that it was the most beautiful place they had visited in a long time. They both decided to come back next weekend to relax and enjoy the scenery again.

해석하기

어제, Lisa와 그녀의 친구 John은 공원에 갔습니다. Lisa가 말했습니다, "이 공원은 우리 집 근처 공원보다 더 커." John도 동의하며 말했습니다, "응, 그리고 여기 나무들이 우리 동네 공원의 나무들보다 더 높아." 두 사람 모두 그 공원을 좋아했습니다. 지금까지 가본 다른 곳들보다 훨씬 평화로웠기 때문입니다.

나중에, 그들은 세 명의 아이들이 축구를 하는 것을 보았습니다. John이 말했습니다, "저 소년이 필드에서 가장 빠른 선수야." Lisa가 덧붙였습니다, "응, 그리고 그는 공을 패스하는 데에도 가장 잘해." 그들은 선수들의 뛰어난 기술에 놀라며 잠시 지켜보았습니다. 그들이 지켜본 소년은 분명 다른 아이들보다 더 잘했습니다.

하루를 즐긴 후, Lisa가 말했습니다, "이 공원은 내가 가 본 공원 중 가장 멋진 곳이야." John도 고개를 끄덕이며, 그곳이 그들이 오랜만에 방문한 가장 아름다운 장소라고 동의했습니다. 그들은 다음 주말에 다시 와서 경치를 즐기기로 했습니다.

표현 말하기

more peaceful than
- ~보다 더 평화로운

better than
- ~보다 더 나은, 더 잘하는

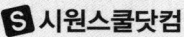